课堂教学管理

主　编　吕立杰
副主编　李　晶　杨　宏
　　　　李利鑫　陈　琳

东北师范大学出版社
长　春

图书在版编目（CIP）数据

课堂教学管理/吕立杰主编．—长春：东北师范大学出版社，2011.7
ISBN 978 - 7 - 5602 - 7106 - 4

Ⅰ.①课… Ⅱ.①吕… Ⅲ.①课堂教学—教学管理 Ⅳ.①G424.21

中国版本图书馆 CIP 数据核字（2011）第 132904 号

□责任编辑：王宏志　　□封面设计：张　然
□责任校对：曲　颖　　□责任印制：刘兆辉

东北师范大学出版社出版发行
长春净月经济开发区金宝街 118 号（邮政编码：130117）
电话：0431—85687213
传真：0431—85691969
网址：http：//www.nenup.com
电子函件：sdcbs@mail.jl.cn
东北师范大学出版社激光照排中心制版
北京柯蓝博泰印务有限公司印装
2012 年 2 月第 1 版　2019 年 5 月第 2 次印刷
幅面尺寸：169 mm×239 mm　印张：11.75　字数：228 千

定价：22.00 元

目录

第一章　课堂教学管理概述……………………………………… 1
　一、课堂的含义…………………………………………… 1
　二、课堂的构成要素……………………………………… 5
　三、课堂管理的含义……………………………………… 7
　四、课堂管理的意义及主要问题………………………… 13
　五、课堂管理的特点与影响因素………………………… 19

第二章　调节学生课堂注意力…………………………………… 30
　一、注意的相关知识概述………………………………… 30
　二、儿童注意力的特征…………………………………… 33
　三、儿童课堂注意力的表现规律………………………… 38
　四、教学设计与注意力的调节…………………………… 40
　五、注意力调节的策略…………………………………… 49

第三章　养成与维护课堂行为…………………………………… 52
　一、课堂纪律的相关理论………………………………… 52
　二、培养学生良好的课堂行为…………………………… 59
　三、课堂问题行为的处理………………………………… 67

第四章　机智处理课堂偶然事件………………………………… 76
　一、教学机智的含义与意义……………………………… 76
　二、课堂偶发事件分类及分析…………………………… 80
　三、处理课堂偶然事件的原则与方法…………………… 83

目录

  四、处理学生理解偏差的机智……………………………… 91
  五、处理学生不当行为的机智……………………………… 93
  六、处理教师失误的机智…………………………………… 96
  七、处理学生失误的机智…………………………………… 99

第五章 建立有效积极的课堂交往………………………………… 103
  一、课堂交往概述…………………………………………… 103
  二、学生课堂交往的差异…………………………………… 110
  三、课堂交往中师生关系的建立…………………………… 116
  四、课堂交往与课堂环境构建……………………………… 123

第六章 组织多样的课堂活动……………………………………… 130
  一、课堂活动相关理论……………………………………… 130
  二、课堂提问………………………………………………… 136
  三、小组活动………………………………………………… 142
  四、探究活动………………………………………………… 149
  五、体验活动………………………………………………… 154

第七章 善用课堂中的教育惩罚…………………………………… 161
  一、教育惩罚的含义与政策界定…………………………… 161
  二、教育惩罚的意义与原则………………………………… 165
  三、不良教育惩罚案例与分析……………………………… 174
  四、合理教育惩罚案例与分析……………………………… 176

后 记………………………………………………………………… 184

第一章 课堂教学管理概述

课堂在学校中最为常见，是学校中最小的细胞，教师每天都在课堂中生活，学生的大多时光都在课堂中度过，师生的主要互动也发生在课堂中。就是这种习惯思维使我们常常忽视课堂，忽略对课堂内涵的挖掘。世界教育改革的实践反复证明：教育改革如果最终不能影响课堂的改变，这样的改革成效就是令人怀疑的。课堂是什么？在一般情况下，人们都只是从物理性质的角度直观地理解它，把它看成一个教与学活动的时空场所，因为这样的解释符合人们一般的思维习惯，其实，课堂除了具有显性的、直观的物理性，还具有隐性的、深层的社会性……

【学习要求】
1. 了解课堂的含义及构成。
2. 理解课堂的特点。
3. 掌握课堂管理的特点和功能。
4. 了解课堂管理中存在的主要问题。

一、课堂的含义

课堂是教学的主要场所，现代学校的多数活动都发生在课堂，课堂也是学校教育的基本组织形式，是现代教学的组织单元。[①] 自从有了正式的学校教育就有了课堂，课堂在实现教育目标中居于核心地位。课堂这一教育活动虽然由来已久，但人们对课堂含义的理解并不一致。到目前为止，并没有关于"课堂"的明确定义，"课堂"还是一个口语化的概念，但这样的认识并没有妨碍人们对于课堂的关注和讨论。

---

① 戚业国. 课堂管理与沟通 [M]. 北京：北京师范大学出版社，2005.

（一）课堂与教室

在英文中，教室和课堂均为"classroom"，大多数英汉词典对"classroom"的解释也是把教室、课堂作为同一概念，泛指进行各种教学活动的场所。在我国，长久以来，人们也把课堂与教室作为等同的概念并列一处，认为课堂就是一个教室，四面墙将教师与学生围起来，人们在其中教与学。这种观点把课堂视为一个场所，强调课堂是一个物理空间。但是，课堂与教室或班级有着明显的不同：教室虽然是进行日常教育教学活动的场所，但它主要侧重于师生活动空间的建筑学意义；班级则是学校组织中的一个基本单位，是由班主任和其他任课教师与学生群体共同组成的，它侧重于强调相对固定的师生群体的社会组织意义。课堂从其产生起就与教室有着本质的差别，并且这种差别随课堂形态的演变愈来愈显著。教育随着社会的发展而不断变革，课堂教学形式虽然一直延续下来，成为教育活动的主要样式，但它所涵盖的内容和要求已变得十分复杂。课堂不再是单纯的一种集体教育（mass education）或团体教育（group education）的样式，而是具有了多元教育（multiple education）的性质。它既是教与学的时空场所，也是教师与学生开展活动的地方。显然，"进行各种教学活动的场所"的内涵表述只适用于对教室的解释。

（二）课堂的概念界定

系统辩证论的思想认为，任何物质都是一个系统，都是以系统的形式存在和发展的，课堂也不例外。从时间的发展来看，课堂形态发展经历了一个原始——复杂的演变过程。18世纪班级授课制产生之前，单一的教育教学形式占据主流，古罗马教育学家昆体良的老师帕利门在尼禄时代试行过分班授课，但由于种种原因而没能发展起来。1632年捷克教育家夸美纽斯的《大教学论》具体地从理论和实践上论述了班级授课制的可行性。17世纪50年代以后，班级授课制得到很大发展并逐渐成为教育教学主流形式并沿用至今，课堂呈现出教师个体——学生群体、教师群体——学生群体的复杂模式。从空间的发展来看，课堂表现为物理意义上的时间和空间，强调课堂的时空性，但还包括开展课堂教学活动所必需的教学资源、物资设备等。

如今的课堂已发展为体现多元文化，具备多种功能，完成多重任务的一种复杂的综合形态。面对如此复杂的一个事物，人们纷纷从不同的角度来界定其概念：

就心理学角度而言，课堂原本是指集体指导学生读、写、算等各种学习的一种组织体。但现在，人们不再把学习视为一种机械性的劳动，而是一种具有挑战性的活动，是一种丰富多样的团体生活，课堂日益成为培养人类心智的互动环境。

就生态学而言，课堂是一个特殊的生态系统，是学生个体自行建构生活意义的环境，师生相辅相成、共同进步，在学生得到一般发展的同时教师得以专业发展。

就行政学而言，课堂是教师教学、学生活动的主要阵地。学生的学习活动主要是以课堂为中心展开的，学生在课堂中的表现和成就直接影响着学生的发展。另外，学校总体教育目标，必须分解为每一个课堂小目标才能得以实现，课堂教学的过程也是组织成员——教师与学生相互配合、相互沟通完成组织目标的过程。因此，课堂是学校行政管理体系中的一个基层细胞，课堂是学校管理中不可缺少的，甚至是最为重要的部分。

就社会学而言，课堂是一个具有特殊功能的微型系统。在这个系统中，教师、学生和环境之间不断发生作用，常常也会产生不可回避的矛盾和冲突，他们之间的相互作用和相互影响促进着课堂的不断变化，学生正是在这种作用、影响和变化中不断发展的。由此可见，课堂不仅是教师和学生聚合的一个物理空间，而且是一个独特的社会组织（social organization），其中蕴藏着多元、丰富的结构、情境与互动，是一个充满生机与活力的整体系统，具有鲜活的生命性。

课堂是课堂管理赖以存在的基础，课堂管理始终围绕着课堂中的人来开展。在新一轮基础教育课程改革背景之下，课堂不再是教师表演的舞台，课堂的主体既不是单一的教师，也不是单一的学生；课堂不再是对学生进行训练的场所，而是教师引导学生自我发展，培养学生个性和创新精神，师生之间共同交往、成长的舞台。

课堂是教师、学生及环境之间形成的坚强而有力的互动情境，是一个具有多种结构的功能体。首先，课堂的一个首要功能是教师向学生传授知识，但不止于传授知识，教师要分析学生已有的学习状况及他们未来的发展倾向，从而引导学生探求知识，使学生最终占有知识并灵活运用知识；其次，课堂不仅是传授人类已经创造出来的知识，它的指向并非面对过去，而主要是指向现在与未来，课堂要打破学生书本世界和生活世界的界限，把知识与生活世界结合起来，引导学生学会学习，学会探索，学会关心，学会发展；第三，课堂应该是发展学生生命价值的主阵地，不仅要强调课堂的教学价值，更应该关注课堂的教育价值，注重学生作为鲜活生命个体的价值，培养和塑造他们的态度、情感和价值观，这与素质教育的理念是一致的。课堂是学生人生中一段重要的经历，对于教师而言，课堂更是他们职业生活最基本的构成，也是教师生命涌动的有意义的构成部分。然而，课堂总是处于流变状态，它不是教师教学行为模式化运作的工作间，而是随着人心智的发展及学生个体的不同，一切应学生而动，应情景而变的交往场域。为此，重新认识新课改下充满生命活力的课堂，重新关注教师和学生的课堂生活，对于重新认识和重构课堂具有重要的现实意义。

在新课程理念下，课堂涵义有如下解释：

肖川博士说："应当是生命相遇、心灵相约的场域。"

叶澜教授认为在课堂上，"应当流淌着生命的活水"，课堂不应是知识的"交易所"，而应是学生的精神家园；课堂不应是学生"克隆"文化的场所，而应是学生探究生成文化的场所；课堂上教师不是"独奏者"而是"伴奏者"，学生不是听众而是演员。

随着新课改的不断深入，教师的教学方式和学生的学习方式都与从前存在很大的不同。新课改给传统的课堂注入了新的内涵，民主活跃的课堂气氛成为师生共同努力的方向。

综上所述，我们认为课堂是教育情境中的人（教师、学生）与环境之间的互动而形成的基本系统。它发展为体现多元文化，具备多种功能，完成多重任务的一种复杂的综合形态，具有鲜活的生命取向。

（三）课堂的特点

现代课堂是以班级授课制为基础的，学生按照大体一致的年龄和知识基础进行编班，教师按照各门学科教学大纲规定的内容和教学时间表进行教学。在这样的课堂模式中，课堂对学生的各方面发展具有深远的影响。同时，课堂更是具有了多任务、多因素影响同时发生的复杂性。

美国学者多勒曾对课堂教学框架提出了六个突出特点[①]：

一是多维性，指课堂由具有不同的背景、兴趣和能力的人构成；

二是同步性，指教师在完成某一项任务时，要对全班的每一名学生给予相应的注意，以保证每一名学生都将注意力集中于教学任务之上；

三是即时性，指课堂上每发生一件事，都会对课堂中的教师产生冲击，而这些事件需要教师马上对这些事件给予反应；

四是难以预料的公共课堂气氛，课堂里的事情通常不会按希望的方式发生，而且，发生在某一名学生身上的事情也会被其他学生看到，学生从教师在课堂里与一些学生的互动方式，就可以知道教师对这些学生有怎样的感觉；

---

① http://www.psxx.pudong-edu.sh.cn/ReadNews.asp?NewsID=488.

五是公开性，在课堂上，每个人的行为都是有目共睹的，特别是教师的一言一行都在学生的监控之下，因此，教师应当注意自己行为的规范性；

　　六是历史性，师生在课堂相处，总有较长的一段时间，他们的每一个行为，都会影响师生对他们以后行为的看法和评价。

　　按照现代教育理论的要求，课堂不仅是进行各种教学活动的场所，而且是教师、学生及环境之间形成的坚强而有力的互动情景，是一个有多种结构的功能体。概而言之，课堂有以下四种显著的特点：

1. 课堂的教学性

　　课堂是师生进行教育教学活动的主要场所。教师的教学任务和学生的学习任务是课堂教学的主要内容，课堂教学是课堂活动中的主要任务，是师生在课堂中进行活动的主要活动。在课堂中，教师应在规定的时间和范围内完成规定的教育教学任务。

2. 课堂的教育性[①]

　　课堂的教育性是课堂在促进学生的全面发展方面的价值体现，是课堂在传授知识的同时塑造学生健康人格的又一主要功能。课堂教学应当剔除只教书不育人的弊端，在突出其教学性的同时，要重视其教育价值的体现。

3. 课堂的互动性

　　课堂是由教师和学生群体共同组成的有组织的互动场域。在课堂教学过程中，教师与学生相互依存、相互作用，共同构成了一个互动网络。此外，师生之间的互动，不仅要重视言语交流的作用，而且要重视非言语交流的作用，使言语交流和非言语交流有机地结合起来。

4. 课堂的社会性

　　课堂教学涉及多种人际关系，有教师与学生的关系、学生与学生的关系、学生与家庭的关系、教师与家庭的关系等，这些人际关系的存在，使课堂教学具有很强的社会性。教师应该在课堂教学过程中充分考虑这些人际关系，并对其加以合理的利用，使其更好地促进课堂教育教学。

二、课堂的构成要素

　　"课堂"是为完成特定的教育教学任务而组织起来的，它通过一定的人际交往与互动，借助相应的教育教学设施、环境和活动，帮助学生获得知识和经

---

① 张金福，等. 新课程与课堂管理［M］. 山东：中国海洋大学出版社，2004.

验，推动道德、智力、体力、审美能力等方面的发展，逐步实现社会化。① 一般认为，课堂的构成要素包括教师、学生、目标、课堂规范、知识信息、教育教学设备与设施、教室以及特定的时间资源。

（一）教师是课堂的主要构成要素②

教师是教学的主体之一，课堂中的正式活动是由教师主导安排的。教师的教育思想与理念、班级组织能力将直接影响课堂的效能。现代教育理论认为，推动教师专业发展是提高课堂效能、推动课堂发展的关键因素。

（二）学生是课堂形成的基础

课堂是为学生而存在的，学生发展的需要决定课堂目标，而学生的发展水平和阶段直接决定课堂的特性。课堂也是学生人际交往的重要场所，课堂中的人际交往对学生发展至关重要。

（三）教育目标是课堂存在的价值基础

课堂是为实现一定的目标而存在的，不同的教育目标对课堂提出了不同的要求。例如，以应试为目标的课堂与以发展学生素质为目标的课堂是完全不同的，以传授知识为目标的课堂与以传授经验为目标的课堂也存在区别。

（四）课堂规范是课堂的组织基础③

课堂规范是课堂特性的集中体现，严密的规范是课堂活动顺利进行的保障，是课堂中学生与教师的行为准则。它是学校系统、校风、学风与教风集中影响的结果，是以学校的管理制度与规则为基础，在教师与学生的交往互动中形成的。

（五）知识信息是课堂活动的主要内容

课堂的主要任务是传递各种知识信息，教师将经过自己选择并加工的知识信息传递给学生，对学生施加影响，帮助学生实现知识的自我建构，并促进学生的社会化。在课堂上，知识信息的传递是实现教学目标的主要途径。

---

① 戚业国. 课堂管理与沟通 [M]. 北京：北京师范大学出版社，2005.
② 戚业国. 课堂管理与沟通 [M]. 北京：北京师范大学出版社，2005.
③ 戚业国. 课堂管理与沟通 [M]. 北京：北京师范大学出版社，2005.

（六）教育教学设备与设施是课堂的重要组成部分

课堂中的活动需要借助一定的教育教学设备和设施进行，它们承担着信息传递媒介的作用，帮助师生互动、信息传递、增强对概念的理解等，是影响课堂教学效能的重要因素。

（七）教室是课堂的空间存在

教室是课堂活动的物质依托。空间布局对课堂具有重要的影响，这种影响不仅体现在其物理作用上，而且体现在对交往互动主体的心理及人际关系的作用上。

（八）时间是课堂延续的基础

时间是课堂延续的基础，同时它又是教育活动中最为丰富，也是最为宝贵的资源。时间资源的有限性决定了课堂的有限性，课堂的优化配置通常是以时间效能计算的。这样的优化配置表现为：在同样的时间里学生取得更大成效的发展或者使学生获得均等的发展所用时间得到最大限度的节省，这是课堂追求的主要效率目标。教育活动的形成本身是为了满足学习时间的节省，基于班级授课制的课堂教学，其形成的主要价值之一也是时间的节省，时间效能始终是学校课堂教学追求的直接目标。

三、课堂管理的含义

（一）管理的含义

管理是一个歧义众多的概念：在汉语中，管理意为负责某项工作使其顺利进行，保管和料理，照管并约束；英语中的"管理"有两种表达方式，"management"和"administration"，前者意为经营、操纵、驾驶，而后者意为帮助、服务和照管，两者词义可谓相殊甚远。除此之外，不少学者也站在不同的研究角度，对管理作出不同的解释：

古典管理学派将管理定义为："实际计划、组织、指挥、协调和控制。"

科学管理学派表述为："经由他人的努力与成就实现团体目标的过程。"

行为管理学派认为，管理就是"为在组织团体中工作的人们建立一个有效的环境，以利发挥最高工作效率而达到团体目标"。

系统学派认为"管理是组织中协调各分系统,并使之与环境相适应的活动"。

决策理论学派认为,"管理就是决策"。

以上阐述从不同侧面揭示出管理的含义和特性,但是缺乏全面性、综合性,美国管理学者则对管理作了一个较为全面的定义:"管理是引导人力、物力进入动态的组织以达到这些组织的目标,亦即使服务对象获得满意,并且使服务的提供者亦获得一种高度的士气感和成就感。"以上这些定义可谓见仁见智,我们不可能也没有必要试图为管理下一个更明确的定义,只求从其定义描述中得到一些有益的启示。

笔者认为,管理应以实现团体目标为根本宗旨,它既是一种结果,更是一种历程;它既是一门科学,更是一门艺术;它涉及的对象不仅是物质资源,更主要的是人这一客观存在的实体资源,通过对人的管理实现对物的管理。随着社会的发展,人们对管理的理解日益加深。管理一词早已超越了管束的界限、控制的意义,升华到要求在实现团体目标的同时,达成个人心理的满足。正如《管理的变革》所描绘的:"在新型组织中,自我管理型的网络组织会自行发展,管理的作用不再是传统意义上的计划和预算、组织和人事、控制与解困,而是预测、协调和激励。"管理逐渐从注重控制演变为关注生长,并被誉为"是知识社会的一个生长器官"。

(二)课堂管理的含义

美国学者布罗菲和艾弗森在其《从教中学》一书中写道:"几乎所有关于教师效能的调查都指出,课堂管理技能足以决定教学的成败。不管教学成败是用学生的学习还是用人们的评估来加以测定,都是如此。因此,课堂管理技能在教学上非同小可,举足轻重。一个缺乏课堂管理技能的教师,看来不会在教学上取得什么像样的成就。"由此可见,课堂管理在学校教育教学中的重要地位。

从上文可以看出,人们对课堂及管理的含义和作用存在不同的理解,就导致人们对课堂管理持不同的观点,并使人们从不同的角度认识、实施课堂管理。其中,较有代表性的课堂管理观如下所列:

《国际教育百科全书》对课堂管理作了如下的界定:"课堂管理是为学生参与课堂活动创造有利环境的过程。"

埃默(E. T. Emmer)认为:"课堂管理是指一套旨在促使学生合作和参与课堂活动的教师行为与活动,其范围包括物理环境的创设、课堂秩序的建立和维持、学生问题行为的处理、学生责任感的培养和学习的指导。"[1]

莱蒙齐（Lemlech）认为："课堂管理是一种提供能够开掘学生潜在能力，促进学生学习进步的良好的课堂生活，使其发挥最大效能的活动。"[2]

古德（C. V. Good）等人认为："课堂管理是为了实现教育目标而处理或指导课堂活动特别涉及的问题，如纪律、民主方式、教学资料、环境布置及学生社会关系。"[3]

薛夫雷兹（Shafritz）认为："课堂管理是教师运用组织和程序，把课堂建成为一个有效学习环境的一种先期活动和策略。"

麦克卡斯林（Mecaslin）等认为："课堂管理远远不是诱导学生的服从，它能够或应当成为促进学生的自我理解（self-understanding）、自我评价（self-evaluation）和内化为自我控制。"

我国大陆学者主要从教学目标和课堂行为两方面对课堂管理进行了概括性的界说：

田慧生等人认为："课堂管理是指教师通过协调课堂内的各种教学因素而有效地实现预定教学目标的过程"，"是鼓励课堂学习的教师行为和活动"。[4]

施良方等人认为："课堂管理是指教师为了保证课堂教学的秩序和效益，协调课堂中的人与事、时间与空间等各种因素及其关系的过程。"[5]

陈时见教授基于引导激励、人际互动取向，认为："课堂管理是建立适宜课堂环境，保持课堂互动，促进课堂生长的历程。"[6]

从上述中外学者对课堂管理的界定可以看出，由于课堂管理这一活动的复杂性，导致不同学者对课堂管理界定的研究范围有所不同。总体上，人们对课堂管理的认识主要有三种不同的价值取向，即：功能性取向、行为控制取向、人际互动取向。功能性取向着眼于管理的标准，侧重于计划与规范；行为控制取向偏重行为的控制和纪律的维持，注重运用强化和惩罚，以使学生遵守纪律和规范；人际互动取向多以心理学理论为基础，重视个人的主观感受，注重教师行为对学生情感、态度与价值观方面的影响，并且强调对学生的引导和激

---

[1] Michael J Dunkin. *The International Encyclopedia of Teaching and Teacher Education*. Oxford：Pegramon Press，1987：437.

[2] Lemlech K. *Classroom Management：Eethods and Techniques for Elementary and Secondary Teachers*. New York：Longman，1988：33.

[3] Carter V Good. *Dictionary of Education*. New York：McGram－Hill Book Company，1972：102.

[4] 田慧生等. 教学论 [M]. 河北：河北教育出版社，1996.

[5] 施良方. 教学理论：课堂教学的原理、策略与研究 [M]. 上海：华东师范大学出版社，1999.

[6] 陈时见. 课堂管理理论 [M]. 广西：广西师范大学出版社，2002.

励，鼓励学生主动参与，着重激励与促进。传统的课堂管理大多采取功能性取向和行为控制取向，较少选择人际互动取向。

随着世界范围内课程与教学改革的深入和有效教学运动的大范围开展，课堂管理的研究越来越受到重视，国际上正经历着一场具有鲜明时代特征的课堂管理变革。首先，在课堂管理理念上，由以教师为中心向以学生为本的方向发展。当代课堂管理理论认为，课堂管理的根本目的不是为了控制学生的行为，而是为了促进学生的发展。其次，在课堂管理方式上，近年来，人们在重视教师外在管理的同时，更加重视学生内在管理的作用，强调通过学生积极地参与课堂管理和教学活动，让学生承担一些自己可以承担的责任，学会自我管理，从而培养学生的自主意识和责任感，从而激发其主动性和创造精神。最后，在课堂管理策略上，由注重行为控制转向注重协调课堂中其他因素以满足学生需要，如注重物理环境、人际关系、教师态度以及教学活动等因素与学生心理需要之间的关系，以及如何利用这些因素更好地满足学生的心理需要。

从国际课堂管理走向来看，现代课堂管理从片面地控制学生到关注研究课堂中其他因素对学生的影响，协调课堂中诸因素以满足学生发展的内在及外在需要，从而达到促进学生发展的目标。

在我国，随着新一轮课程改革的推进，人际互动的价值取向越来越受到人们的重视，已成为课堂管理研究的方向和趋势。教师是课堂教学的组织者和领导者，在课堂管理中处于主导地位，通过确定课堂管理目标、实施目标、控制目标以及检查和评价目标等一系列环节，以最大限度地利用课堂内的各种资源，建立和保持良好的教学条件，以完成教学任务，实现教学目标，使课堂内每一名学生都能充分发挥自己的潜能。学生在课堂管理中虽处于被管理者的地位，但教学是师生双方的共同活动，教学目标的实现程度取决于师生两方面的协同配合。学生并不是无生命的物体，与教师一样具有能动性，学生的学习动机、学习态度、学习的积极性与创造性等对课堂管理目标的实现都会产生不小的影响，如"课堂管理是建立适宜课堂环境、保持课堂互动、促进课堂生长的历程"。本研究结合上述学者对"课堂管理"的定义和本研究的需要，将课堂管理定义为："教师通过协调课堂上的各种人际关系，建立适宜的课堂环境，优化设计课堂资源为课堂教学服务，以充分发挥教学主体主观能动性的互动过程，确保教学目标的顺利实现，并最终促进学生的自我发展。"

（三）课堂管理的内容

课堂管理的概念是抽象而模糊的，课堂管理的内容则是具体而清晰的，是丰富多彩的，概括起来有以下几点：

1. 课堂常规管理

课堂是一个微型社会，要保证这一微型社会的有序进行，就需要设立必要的社会规则。课堂常规是课堂教学有效进行的基本保证，不同的学校乃至不同的教师，因课堂管理观念不同或具体情况不同，设置的课堂常规也不同，并要保证这些常规的有效落实。最常见的就是我国中小学制定的"上下课起立"、"不准随便离开座位"、"有事先举手"等课堂规范。

2. 课堂环境管理

这里的环境主要是指物质层面的环境，如：课堂内桌凳的摆放方式与方位，课堂内的采光通风条件，教室的整洁度，墙面的布置，教学设备的放置，等等。就我国而言，以上物品一旦安排妥帖，则会在相当长一段时间内稳定不变，课堂管理中实际上很少涉及这些内容的管理，因而本文所言的课堂管理也主要是指对人的管理。

3. 课堂秩序管理

课堂秩序的维持一致被视为课堂管理的基本任务。没有良好的课堂秩序，任何教学活动都无法正常进行，更谈不上教学效率的提高及教学目标的完成。有没有一个良好的课堂秩序是课堂管理能否成功的一个重要标志。

4. 课堂活动的管理

课堂教学表现为一系列的教学活动，课堂管理必须对这些课堂活动进行合理的、灵活的筹划与安排，包括活动的设计、内容的选择、方式的运用、活动手段与资源的统合、活动成效的评价以及活动兴趣的激发等内容。一位优秀的教师必然会对课堂活动给予高度的重视，并且在其管理上卓有成效。

（四）课堂管理的功能

课堂上的管理活动是丰富多彩、无处不在的，它贯穿于课堂教学的始终，是影响课堂教学效果和课堂活动效果极其重要的因素。良好的课堂管理会成为课堂教学顺利进行的有效保证，而不良的课堂管理无疑会成为课堂活动顺利开展的障碍。

"教师行为倾向于命令、威胁、提醒与惩罚的控制型时，学生对于学校作业显出较多困扰，对教师的管理较为服从，但有时亦有激烈的对抗；当教师的行为倾向于综合型，即对学生表示出同意、赞赏、接受与有效协助时，学生较能自动自发地解决问题，而且也乐于为团体贡献力量。"可见，课堂管理的优劣直接关系课堂教学的成败，由始至终课堂管理都是课堂教学的影响因素。教师要想拥有成功地课堂教学，必须先学会成功地管理课堂，这是课堂管理的功能使然。学者吴清山将课堂管理的功能归纳为六个方面：一是维持良好的课堂秩序，二是提供良好的学习环境，三是提高学生的学习效果，四是培养学生的自制能力，五是增进师生的情感交流，六是促进学生的人格成长。这一归纳可谓详尽而全面。相比之下，皮连生的归纳则更具概括性，他认为课堂管理具有两个功能，即：一是促进功能，二是维持功能，笔者比较赞成这种观点，但若结合吴清山的观点，笔者认为课堂管理还应具有榜样功能。综上，课堂管理主要具有三大功能，即：促进功能、维持功能、榜样功能。

1. 促进功能

课堂管理的促进功能是指教师在课堂里创设和组织对教学起促进作用的、良好的学习环境，满足课堂内个人和集体的合理需要，从而激励学生更大程度地释放潜能以促进教学工作的开展，最后圆满地完成教学任务。它是教师课堂教学及课堂管理艺术高水平发挥的结果，这种功能的发挥既不取决于强制手段，也不依赖于乞求和劝说，它主要通过以下途径来实现：

（1）有效地设计和组织课堂教学活动，根据学生注意力的变化规律及思维特点调整学生的注意，巧设疑问，启发诱导。

（2）采取一定的激励手段，调动学生学习的主动性，促进学生积极参与。

（3）形成尊师爱生、团结协作的师生关系和互帮互学、和睦相处的学生关系，促进师生共同努力完成教学任务。

（4）制定合理的课堂行为规范，养成学生的自律意识和行为习惯。

（5）帮助学生获得解决课堂群体问题的技能。

（6）形成积极向上的良好班风，在学生间形成团结友爱的良好人际关系，促进学生自觉遵守课堂规范。

2. 维持功能

课堂管理的维持功能是指在课堂教学中持久地维持良好的内部环境，使学生的心理活动始终保持在课业上，经过师生的共同努力顺利完成教学任务。

在课堂教学过程中，由于经常会出现各种新问题，发生各种偶发性干扰事件，及时预见并排除各种干扰课堂教学活动的不利因素，有效维持正常的教学秩序，对于教学活动的顺利进行显得尤为重要。维持良好的教学环境，教师在课堂管理中应做到以下几点：

（1）增强心理准备程度，运用教育机智巧妙化解、排除各种课堂偶发事件，不激化课堂冲突，不长时间中断教学。

（2）当课堂出现师生或生生关系紧张时，通过课堂管理缓和与解决各种冲突，形成并维持和谐的师生关系。

（3）当课堂纪律出现问题时，在课堂管理中所制定的课堂行为准则有助于协调课堂教学步骤，排除各种干扰，维持课堂纪律。

（4）当课堂出现问题行为时，通过课堂管理调节学生的过度紧张和焦虑，减轻心理压力，维护心理健康。

3. 榜样功能

课堂是一个微型社会，课堂上师生、生生始终处于互动之中，教师的言谈举止无时无刻不在影响着学生，尤其是教师的课堂管理行为。班杜拉的社会学习理论认为，儿童可以通过观察去学习，儿童的行为可以通过替代强化的方式得以强化。课堂上，教师无疑成为学生观察学习的榜样，其行为影响学生的行为，其人格濡染学生的人格，其情操熏陶着学生的情操。事实上，从许多学生的行为方式上，我们总可以隐约地看到教师课堂行为方式的印记，正因如此，课堂管理才具有极其显著的榜样功能。

四、课堂管理的意义及主要问题

（一）课堂管理的意义

课堂管理的实质是对课堂基本要素进行的协调和控制，目的是为有效课堂教学营造和谐而融洽的人际心理环境，主要表现为对正当课堂行为的维持和强化以及对不当或违规课堂行为的矫正。课堂管理是一门艺术，体现了教师对学生的管理能力。教师根据明确的目标导向，作出教学规划与决策，采取行动，为学生提供一种明确的组织与结构，维持课堂秩序，激发学生的学习动机，降低学生的焦虑水平，激发学生的学习潜能，提高教学工作的成效，并追求以最小的代价换取最大的教育效益。通过教师的有效管理，课堂能够发挥它最大的作用。在有效的课堂管理中，师生之间、生生之间的关系是融洽和谐的，这对于教学的顺利进行和学生的发展是有诸多益处的。

1. 促进师生互动，消除对立情绪

课堂是群体性活动的场所，在课堂中教师要完成自己的教学任务，学生要完成自己的学习任务。两种任务密切相连、不可分割，教师的教学任务完成与否要看学生的掌握情况，而学生的课堂掌握情况在很大程度上又依赖于教师的教学。因此，师生活动是以互动的方式开展的，有效地课堂管理能够为这种互动提供良好的环境：在秩序良好的环境中，教师可以充分发挥其主导作用，将知识、方法、正确的价值观等内容有效地传递给学生，学生通过教师的教学活动可以充分感受到学习的快乐，在课堂中建立对教师的信任，这种信任是持续的，具有扩散性的，有利于消除师生之间隔阂的。

2. 促进学生掌握规则，更好地适应变化发展着的社会现状

没有规矩，不成方圆。在有效的课堂管理中，教师灌输给学生的一种理念就是"遵守规则"，任何活动必须要在既定的规则下才能获得成功。有效的课堂管理不是要求学生上课不能讲任何一句话、不能有除了听课以外的任何动作，像木偶一样任凭教师摆布，而是要传达给学生遵守既定的规则，即使是规则的制定者也要遵守，即：讲话要按讲话的规则去讲，不是胡说，讨论要按讨论的规则进行。学生自觉遵守课堂秩序，久而久之形成习惯，在学生的概念中就知道必须遵守"游戏规则"，这对于他们今后走上社会是有帮助的。

3. 营造和谐的气氛、浓郁的学习氛围，促进学生全面发展

学生在校时间大部分是在课堂中度过的，课堂气氛的好坏直接影响学生在校的学习情况。在有效的课堂管理中，教师以饱满的热情、积极的工作情绪投入到教学中，学生则在充满了竞争与合作的学习氛围中感受学习的魅力。在杂乱的环境中，教师教学无法正常进行，学生学习缺乏热情，时间长了，教师害怕上课，学生不愿上课，连最基本的学习任务都无法完成，还何谈学生的全面发展。所以，有效的课堂管理不仅是完成教学任务的保证，也是学生能够全面发展的保证。

（二）课堂管理存在的主要问题

1. 课堂管理目标扭曲

课堂管理首先要从明确目标开始。课堂管理的目的是提高教学效果，促进学生发展，而不是让学生保持安静，控制学生。目前，很多教师仍然认为课堂管理就是维持纪律、控制学生，要求学生遵守纪律、服从教师，对于违规学生则以严厉的批评和惩罚加以矫正。事实上，要求学生达到绝对的严肃和安静是不可能的，也是没有必要的。课堂管理本身只是手段，如果教师一味地追求教学秩序的安静而妨碍了学生学习，即以手段为目标，那就变成本末倒置了。在现实课堂教学中较为常见的现象是：在学生偶尔违反课堂规则时，教师们常常不能分析原因，也不能以宽容的心来对待学生，而是利用整节课的时间，在全班同学中进行长篇大论的训话，浪费了许多教学时间。为了"管得住"学生，有些教师甚至采用严厉的体罚形式，力图使其服从，这些做法往往只会让学生感到紧张害怕，影响学生的学习，而无法达到课堂管理的目标。除此之外，还有一部分教师走上了另一种极端，由于忽视课堂管理目标对课堂管理的制约作用，在课堂管理上往往无所适从，失去了目标和方向，导致课堂管理流于形式主义，部分学生在课堂上自由散漫。

2. 课堂氛围压抑

受传统课堂教学观念的影响，绝大多数教师追求的理想课堂是安静的课堂，学生听从指挥的课堂。在整个课堂中，教师就是"将军"，站在讲台上"发号施令"，哪个学生没有服从命令，就会受到"军法处置"，使得学生在课堂中不得不谨小慎微，心理始终处于压抑状态。在对课堂生活的感受回答时，38%的学生选择紧张，40%的学生选择压抑。在压抑的课堂氛围里，学生不仅不能积极地参与到课堂活动中，其个性也无法得到充分的发展，培养出来的只是"批量化的模具"，而抹杀了学生的创造性。

课堂氛围的压抑，来自于教师与学生之间权利的不均衡。教师处于绝对的优势地位，控制课堂，控制学生行为，甚至试图操纵学生的思维。传统的教师权威观如果得不到改变，这种课堂氛围也很难改变。

3. 课堂规则缺乏可行性

在课堂中，每个个体都有其自身的行动规律，这和课堂的规则不是一回事。如果它们能够相互一致，按同一方向作用，课堂中的博弈就会如行云流水，结局圆满。但如果两者相互抵制，那博弈的结果将苦不堪言，有可能会使整个课堂陷入高度的混乱之中。而我国当前的课堂规则就处于与学生自身的行动规律相互抵制的状态。规则制定的出发点和目的都应该是人，规则是规范学生行为的准则，也是引导学生正确行为的保障。如果把规则仅仅作为约束学生自由，控制学生行为的手段，那么，这种课堂规则显然缺少可行性，具体表现为以下两点：

（1）课堂规则是压抑学生的凭证

传统课堂是一种"制度化场所"。按传统观念，课堂规则要求学生循规蹈矩、正襟危坐、鸦雀无声、发言先举手、迟到喊"报告"、不得上厕所、不能喝水、不能插嘴质疑等似乎早已成为清规戒律、天经地义，而稍有"越轨"者，则均被视为"不守纪律"，轻则被训斥、罚站、罚抄书、罚打扫卫生，重则被赶出教室、汇报家长、写"保证书"等，似乎不如此"杀一儆百"，便有失"师道尊严"。制定规则绝不是为了揪出学生的错误，更不是为了对学生进行惩罚，相反，就规则在学生和其他人身上发生的作用来考虑，规则是为学生检查自己的行为提供指导或参考而制定的。"从某种意义上说，规则是为了学生更好地规范自己服务的，绝不是教师压抑学生的凭证。"

（2）课堂规则重"管"，不重"建"

首先，课堂规则重罚而无奖。课堂规则只规定学生应该怎么做，必须怎么做，如果违反规则就受处罚。但没有引导学生怎么样才能按课堂规则做事，也没有相应的奖励制度对遵守课堂规则的学生进行鼓励。另外，班级内除了有学校统一制定的课堂纪律守则，在学生心里还有一些潜规则，也就是教师的喜好与要求的标准。现在基本上没有学生与家长参与到课堂纪律的制定中来，因此学生仍然是受控的、被动的一方。

4. 课堂教学呈低效率

课堂教学的和谐即课堂教学的有效性。什么样的课堂教学是有效的？简单地讲就是学生在课堂中能够获得发展。新课程的核心理念是为了每一名学生的发展，关注每一名学生的学习状态，促进每一名学生的发展，是新课程教学的根本任务。在我国当前的课堂中，课堂教学与课堂管理割裂是造成课堂教学低效率的重要因素。然而，课堂教学低效率的表现不仅局限于以上几种情况，笔者将就其突显程度，从三维目标在教学中的表现，教师对课堂教学内容和时间的处理，以及课堂教学与课堂管理的割裂这三个方面进行具体的分析。

教学过程是课堂教学的核心。当前，我国课堂存在着教学过程与课堂管理割裂的情况，表现为教师在制定教学计划时，未能将课堂管理列入计划，以至于上课时，要么按照其教育计划一板一眼地进行教学，发现课堂问题不能即时调整，甚至不予理会；要么干脆中止教学活动的进行，花费大量时间进行课堂管理，此时进行的课堂管理大多还是因为教师忍无可忍，终于爆发的结果。无论是只重教学不顾管理，还是把课堂时间都用在管理上，都不是提高课堂效率的好方法。教学活动与课堂管理本来就是课堂中同时进行的两个方面，不能将其割裂。只有教学活动没有课堂管理，教学活动是不可能顺利、高效地完成的；只有课堂管理没有教学活动，课堂也不能完整地实现其教育功能。影响教学活动有效开展的因素有很多，如教师素质、教学手段、教学辅助工具等，但课堂管理则是影响教学过程的一个重要因素。只教学不管理，是不可能有好的教学效果的。在教学过程中，教师如果可以充分调动学生的积极性，设计有效的教学内容来吸引学生的注意力，可以预防某些课堂问题行为的发生，从而反过来促进课堂管理的有效实施。可以说，教学过程与课堂管理两者是同时进行、互相促进的。

5. 课堂管理手段消极

课堂管理手段消极主要表现为管理语言的消极和管理行为的消极。一些教师在课堂管理中经常使用否定的、消极的话语，如教师对纪律不良的典型反应常常是板着脸喊道"吵什么！都学好啦？"之类的训斥和威胁，教师的课堂引导语言也常常是"不要讲话"之类的消极性语言，从正面引导、鼓励、塑造学生行为的积极性语言则较少受到重视。在这样的课堂里，教师只是将课堂管理作为维持教学的手段，学生无法受到启发和激励，不能实现课堂管理对学生发展的教育和促进作用。尤其对差生，教师更是没有一点耐心，一味地进行训斥和命令，当差生或者是教师不喜欢的学生提问题时，教师往往以"真笨，连这么简单的问题都不会"的话语加以打击，这在很大程度上降低了学生的学习兴趣和对学习内容的专注程度。还有一些教师在课堂管理中经常使用变相体罚。近年来，随着国家对体罚这一现象的严格控制，体罚现象已经得到了改善。但又出现了另一种变相体罚，即对学生进行心理虐待，心理虐待的主要表现就是教师动辄就用讽刺挖苦甚至侮辱学生的语言进行"教育"，其影响之坏、后果之严重，令人震惊。目前，在各种媒体中，经常会看到关于教师对学生的摧残之类的报道，虽然不乏一些夸大事实的情况，但是我们也不能否认这些现象在课堂中的存在，我们也不能无视体罚对学生、对社会造成的不利影响。

6. 课堂精神非人性化

精神是抽象的、至高的、神圣的，是课堂不可缺失的、最本质的东西。课堂精神是美好课堂共有的灵魂。课堂精神，在课堂中表现为对"生命"的热爱和对"教育"的执著。如果在课堂上，学生的个性无法施展，学生的生命得不到尊重，教师的机智不能展示，师生无法从教育中获得成就感，那么就是一种非人性化的课堂。

从教师精神来看，教师感觉上课就像赴战场，管理学生就像作斗争，感到疲惫不堪，心力交瘁。再加之课堂管理中的挫败感，挫伤教师的工作积极性。一方面造成教师对教育的无奈，表现出教师一种不负责任的态度或是出现职业倦怠；另一方面又有可能造成教师教育观念的偏激，表现出教师利用权威，加紧对学生的控制。

从学生精神来看，学生"上课像条虫，下课是条龙"，学生感觉上课就像坐牢，没有自由，没有快乐，上课整个就是"熬"和"混"。在这种情绪下，教师与学生就像是在完成一项机械工作，教师不得不教，学生不得不听，没有什么精神可言。如果作为教育的指导部门或者监督部门到课堂内去审查参观，走进课堂，见到的场景会是：学生全部挺直身体坐着，一动不动，当客人进入教室，由班长喊一声起立，全体学生整齐化一的起立，并齐声大喊"客人好"，然后全体坐下，回归到一动不动的状态。这似乎是一种令人敬重的军人精神面貌，但缺少了学生作为儿童应有的天真活泼、好奇好动的本性。

我们的课堂通过严酷的纪律规范、无处不在的监视、随意的惩罚、苛刻的标准全面地对儿童进行控制。它以一种"不宽容"的态度对待儿童，导致儿童的自由精神、想象力以及道德感的毁灭。从人道主义的角度看，课堂存在严重的"被"剥夺现象：独立性被剥夺，自主性被剥夺，自由性被剥夺。

7. 人际关系机械化

课堂人际关系和班级群体是课堂教学活动的社会环境，对于师生身心发展以及课堂教学的进行都有着重大的影响。课堂中的人际关系应该建立在相互尊重、相互理解的基础上、以情感为纽带的关系。如果缺少这种尊重与理解，人际关系就失去了情感的交流，变成了人与人之间的机械搭配。目前，我国的课堂中人际关系就呈现出机械化的状态。

（1）教师与学生间是控制与被控制的关系

李普曼区分了三种课堂情境：其中，最不理想的是学生在教师面前不敢开口，生怕因此而丧失教师的欢心与尊重；稍好一点的情形就是，学生能自由地讨论抽象问题，不过得随时小心，不要对教师的价值标准表示出任何即使是暗示性的异议；课堂的最佳环境则是学生非常信赖教师并敢于批评其方法或价值标准，因为他们知道教师会客观地考虑自己的批评意见。在我国当前，课堂状况稍微有所改善，但大多数课堂仍然还处于最不理想的情境，学生在教师面前不敢表达自己的意见，更不敢对教师的观点提出质疑或反对，学生早已习惯了迎合讨好教师，偶尔有几个不服从教师的学生便被教师和其他学生当成"调皮鬼"而被遗弃。

在我国，受传统教育手段观的影响，教师将学生视为工具，教师通过控制学生来达到自己的目的，从教学目标的制定到教学过程各个环节和步骤的安排，如作业的布置、考试安排及评价系统都由教师控制。学生的思维、学生的行为乃至学生的交往都受到教师的操控。这种将学生视为手段或工具的教育必然在师生之间形成控制与被控制的关系，导致师生之间的情感疏离，缺少平等沟通，造成师生关系的机械化。

（2）生生间缺少平等交流的空间

课堂上学生与学生之间在课堂中的交往机会并不是很多，学生都是在教师的控制下，独自进行思考与解决问题。随着合作型学习关系的引入课堂，课堂上强调学生之间相互合作，交流观点，共同解决问题。目前，课堂中生生关系从单个的纵向服从教师，开始了横向之间的生与生的交流，生生关系有所发展。但这种小组合作，很多情况下仍然是受教师控制而进行的，合作与交流也就变成一种形式或者变成学习好的学生发挥自我的一个小天地，造成"强强联手"，弱者被冷淡的状况。

课堂中人际关系的现状是历史遗留的结果，中国传统的"尊师重教、生从师教"观念早已深入人心，当然，某种程度上，尊重教师是一种良好的传统。可是，在当今开放的课堂中，受教师权威观念的影响，人际关系相对保守，这种现象不利于师生关系的改善，不利于教学活动的高效实施，严重时甚至影响学生的学习兴趣和人格个性发展。

五、课堂管理的特点与影响因素

（一）课堂管理的特点

1. 追求最佳的教育教学效果[①]

对课堂教育教学效果的追求是课堂管理的出发点和归宿，也是课堂管理日益引起人们重视的主要原因。在传统的教育教学过程中，教师较少估计到课堂教育教学的效果，也较少运用课堂管理的技巧和策略，致使课堂教育教学效果不佳。随着人们对课堂管理重要性的认识日益提高，"向课堂要质量，向课堂要效率"的观念就充分体现了课堂管理对课堂教育教学效果的追求。

2. 课堂管理的多样性

课堂管理因其对象的特殊性尤其要注意管理方法的选择和运用。课堂管理中可运用的方法很多，具体要视课堂组成的特点、学生的特点以及教育教学内容的不同等因素而采取不同的方法。在课堂管理中，方法单一、方法模式化都不利于课堂管理的有效进行。教师在课堂管理过程中，应根据不同的问题、不同的情况选择和运用不同的方法，实现管理方法的创新化和多样化，只有这样才能适应不断变化的课堂环境和学生的发展，取得较好的课堂管理效果。

3. 课堂管理的"人本性"

所谓"人本性"是指以人为本。在任何活动中，人都是决定性的因素，管理也不例外。课堂管理以人为中心，把理解人、尊重人、调动人的积极性放在首位，把人视为管理的重要对象及组织最重要的资源，允许课堂中学生个性多样化的存在，并且尊重这种个体差异，甚至鼓励学生个性的充分发展。同时，课堂和谐管理也是综合运用多种手段的课堂管理方式。在实际操作中，教师要做到根据不同的学生、不同的课堂情况、不同的课堂活动进展阶段，采取不同的课堂管理手段，甚至可以几种手段相融并用，如激励手段就常与纪律手段相结合使用。管理的核心是处理各种人际关系。所以，在管理过程中，只有把人这一要素作为根本，才能协调好其他要素，实现高水平的管理。

4. 课堂管理的艺术性

课堂教学是一门艺术，课堂管理同样是一种艺术。管理的艺术性是指在掌握一定理论和方法的基础上，灵活运用这些知识和技能的技巧与诀窍。课堂中充满了非确定的、突发性的、偶然性的因素，这就需要教师具有随机应变的能

[①] 张金福，等. 新课程与课堂管理［M］. 山东：中国海洋大学出版社，2004.

力和灵活发挥的艺术，在管理实践中充分发挥主动性、积极性、创造性，否则就难以取得管理的最佳效果。

5. 课堂管理的生态性

在生态学意义上，课堂构成了一个"群落"生态系统，是一个由学生个体和群体、教师以及课堂物理环境构成的系统。课堂生态系统具有生态系统所具有的一切特征。在生态观下，课堂是一个生态系统，系统中个体、群体以及课堂环境要协调、均衡，保持生态的平衡。课堂管理要变得和谐也是要以生态观作为理论基础的，认清生态系统的总体构成以及各子系统的存在方式，然后用和谐的方法使各子系统协调、妥协、均衡发展。

6. 课堂管理的教育性

课堂管理的过程就是对学生进行教育的过程。教师课堂管理行为对学生的影响可能是直接的、明显的，也可能是间接的、潜移默化的。课堂管理的目标是依据教育方针和学校的整体规划与要求制定的，课堂管理目标的实现也是学校教育目标的实现，所以课堂管理活动必然是一种教育活动。不论是课堂管理活动的设计、课堂活动的开展，还是课堂活动的具体安排都应体现对学生的教育作用，体现对学生身心健康、和谐发展的促进作用。课堂管理的这一特点，既说明课堂管理的教育意义，也体现课堂管理的性质。

（二）课堂管理的影响因素

课堂活动受到多种复杂社会因素的影响，堪纳斯认为，"没有一组独一无二的心理学因素、社会学因素或者是教育学因素可以解释课堂上所有的问题行为，这是一个复杂的、涉及许多学科的研究领域"。课堂管理要想顺利、有效地进行，必须遵循一定的原则，并充分考虑到影响课堂管理的各方面因素。本文将从客观因素和主观因素两个方面加以阐述。

1. 客观因素

（1）社会因素

教育是使人社会化的活动，作为传授教育载体的课堂活动也受到各种社会因素的影响，社会因素对课堂管理的影响既包括直接的影响，也包括间接的影响。可以概括为政治、经济、文化、道德、伦理等多方面。

一是政治因素对课堂管理的影响。教育是具有政治属性的社会活动，在阶级社会里，教育总是要为一定的政治服务的，同时也受到一定的社会政治的影响，这种影响直接体现在课堂管理中。例如，在重视民主和人权的社会，教育更加容易实现民主，更加倾向于对个人属性的尊重，课堂管理更加重视学生个性的发展，尊重学生的主体地位。此外，课堂内的人际互动也会受到社会的政治影响。

二是经济因素对课堂管理的影响。在现代社会，教育与经济是密不可分的，社会的经济发展为课堂提供物质基础，社会的经济活动也会影响课堂的人际交往，影响课堂的管理与沟通。

三是文化因素对课堂管理的影响。① 文化是课堂的重要影响因素，教育活动本身就是一种文化现象，是传递社会文化的主要途径。课堂集中了大量的人类文化遗产，其目标是要培养有文化、有教养的人。社会上的各种文化通过各种途径对学生产生影响，学生把这种影响带进课堂，形成一种文化氛围，这必然会对课堂管理造成一定的影响。

四是社会伦理道德对课堂管理的影响。教育是与道德密切联系的，未成年人的道德教育问题是社会问题，更是教育问题。在现代科学技术走进社会生活之前，学校主要是一个道德教育机构。今天，道德仍然是学校教育需要面对的中心问题，而实现道德教育的目标需要课堂管理的有效配合。

（2）课堂环境

课堂管理发生于特定的时空条件，即课堂环境中。所谓课堂环境，主要是指"师生生活于其中的光、温度、颜色、气味等是课堂环境的物理性因素，这些因素可以直接影响教师和学生的身心健康及活动"②。课堂环境可以分为"硬环境"和"软环境"两个方面，前者主要指课堂中的物理环境，如座位、光照、活动区域等；后者主要是指课堂中的社会心理环境，如课堂气氛、学习目标定向、教学手段、教学内容和教学设计等。

首先，规模是课堂环境的一个重要内容，一般来说，班级规模越大，学生人数越多，课堂管理的难度也就越大。

在教学实践中，班级规模会影响学生的课堂行为表现。有关研究表明，随着班级规模的增大和学生个人生活空间的缩小，学生在课堂上往往表现得好动、不安、注意力分散，攻击性行为和课堂冲突也随之增加。班级规模会影响学生的情感联系和人际交往。集体越大，情感纽带的力量就越弱，同学间相互交往、了解的机会就越少，班集体的凝聚力就越不容易形成，良好的集体风气和行为规范就越不容易树立，这些无疑都会给课堂管理带来一定的影响，同时也给正常的教学活动带来一定影响。因此，适度控制班级规模对于提高课堂管理效率和最终提高教学质量具有重要意义。

其次，座位编排方式也可视为课堂管理环境中的一个重要的物理因素，沃

---

① 戚业国. 课堂管理与沟通 [M]. 北京：北京师范大学出版社，2005.
② 李秉德. 教学论 [M]. 北京：人民教育出版社，2000.

勒的研究表明，坐在前排的学生大多在学习上过分依赖教师，其中也可能有一部分是学习热情较高的，坐在后排的学生常有捣乱和不听讲等问题行为。英国教育理论家曾对课桌椅的排列方式作过观察实验，结果显示，秧田式排列时，学生学习努力的程度是圆桌式的2倍，而坏习惯（如心不在焉等）的出现频率，圆桌式是秧田式的3倍。① 由此可见，采用什么样的座位编排方式对学生学习成绩及课堂行为均有一定影响。

第三，班集体本身是影响课堂管理的又一重要因素，班集体的性质、特点、风气等直接制约着教师的管理行为。② 不同的班级往往有不同的班风、行为规范和管理模式，教师必须对这些班级特点有所了解，在此基础上灵活运用管理方法和技巧，针对不同的班级实施不同的管理。例如，有的班集体养成了自律意识强的风气，教师在与不在学生都能按一定的行为规范行动，这种情况下，教师要充分尊重学生的自我管理，不要过多发号施令。再如，在一些集体中，学生中途打断教师讲课随时提问是容许的、值得赞赏的行为，而在另一些集体中则可能要受到批评。这些不同的班集体特点对教师的课堂管理都会产生一定的影响，因此，教师不能用固定不变的课堂管理模式对待不同性质的班级，应当在全面掌握班级特点的情况下灵活运用管理手段以获得理想的课堂管理效果。

第四，课堂设施环境包括教学场所和教学用具等物资因素，教学设施是否完备和良好直接关系到课堂环境的质量和教学活动的正常进行。研究表明，教学场所的质量对教师和学生的身心活动具有直接的影响，它们一方面可以引起教师和学生在心理上不同的感觉，另一方面能使师生在心理上产生共鸣。丰富的色彩、柔和的灯光和舒适的座位会对学生的态度及行为发生显著的影响：课堂中温度适宜，色彩明亮，空气清新，可以产生一种愉悦的感受和积极的情绪，从而减少问题行为的发生，有利于形成安定的课堂秩序和较好的教学氛围；课堂中的色彩、温度等如果趋于定势，学生的问题行为就会形成习惯，成为无意识行为。随着现代教育技术手段的发展，教学用具不断更新换代，教学手段也日益丰富多彩，教学设施环境也变得越来越复杂，这对课堂管理也是一个不小的挑战。

第五，课堂教学节奏。课堂教学节奏是指课堂教学过程中各种可比成分在时间上以一定的次序有规律地交替出现的形式。这些可比成分主要有教学的密

---

① 施良方，崔允．教学理论：课堂教学的原理、策略与研究[M]．上海：华东师范大学出版社，1999．

② 吕立杰．中小学课堂管理[M]．长春：东北师范大学出版社，2009．

度、速度、难度、重点度、强度和激情度等。通过这些可比成分的有规律的交替和变化，教育者不仅可以有效地传达自己的情感、态度，突出教学的重点难点，而且可以有效地组织教学并调控学生的注意力。处理好课堂教学节奏，既是教学自身的需要，也是课堂教学管理的需要。实践表明，良好的教学节奏可以把学生带入教学艺术的境界，有利于提高教学质量，混乱失调的教学节奏则容易导致学生不满，并可能引发课堂问题行为。一般来说，教学节奏的变化是有一定的规律的，前述六种可比成分都可按照"弱—强—弱"或"强—弱—强"的趋势加以交替、重复、变化，多次循环，形成起伏有致的教学节奏而"弱—渐强—强"和"强—渐弱—弱"的变化模式也可以在一定情况下收到好的节奏效果。以上是就每种单个可比成分的变化而言，如果将多种可比成分放在一起考虑，就需要慎重地处理各可比成分间的关系。研究发现，有些可比成分可以在同一时间重叠出现，例如，高强度与高激情度、高激情度与高重点度皆可重叠进行。有些可比成分则不宜重叠进行，而应穿插进行，如高密度、高难度、高速度就不能同时进行，难度大时，速度宜慢，速度快时密度宜低。若处理不当就容易给学生的学习造成困难并引起问题行为。因此，教师要把握好这些变化规律并根据教学实际灵活运用，处理好教学的整体节奏，提高教学管理质量。

第六，教学设计。教学实践表明，有无好的课堂管理，关键看有无好的管理设计。课堂管理的第一步是具体设计课堂教学活动。在教学活动前，教师要预先确定教学活动的目标，选择实现目标的方法步骤，分配教学时间，分析教学环境条件，预估教学效果，这些事先的教学设计工作如果做得好，那么教师在课堂中就可以胸有成竹地按计划组织、推进教学，避免一些因准备、设计不足而造成的课堂失误，保证教学活动在高质量设计方案的基础上高效运行，从而达到预期目的。相反，如果教学设计粗糙，教师未能全面考虑课堂的各个环节和可能出现的问题，仓促上讲台，课堂管理的隐患必然会增多，课堂管理的效果也会受到一定影响。例如，如果教师事先没能很好地了解学生的学习状况，教学目标设计不当，对学生要求过高过严或过低过松，都会影响学生的课堂努力程度并可能产生课堂问题行为。课堂教学管理是课堂管理的核心。教师通过对教学现场中教学活动本身的速度、节奏、段落衔接等不断调控，处理好课堂教学节奏，为教学设计方案的顺利实施创造条件，为预定教学目标的达成提供保障。

第七，学校文化和考试制度。分数在学校是至高无上的，教师的奖励和惩罚与其班级学生所取得的分数直接相联，教师在学校的地位也与其班上学生在期末考试、统一考试、升学考试中所获得的分数息息相关。学校把分数作为衡量教师业绩的主要尺度，教师则以分数作为衡量学生成就的主要指标。课堂管理方式在无形中受到分数压力的制约，这在与教师的访谈中明显反映出来。

2. 主观因素

（1）教师方面

第一，教师的领导方式。

教师的领导方式对课堂管理有直接的影响。普雷斯顿认为，参与式领导和监督式领导对课堂管理有不同的影响：参与式领导注意创造自由空气，鼓励自由发表意见，不把自己的意见强加于人；监督式领导则待人冷淡，只注重于集体讨论的进程，经常监督人的行为有无越轨。勒温（K. Lewin）等人关于教师领导作风的研究结果表明，教师的领导作风是民主的、专制的还是自由放任的，学生的课堂表现是不同的，班级风气也是不同的。例如，专制作风的结果一般表现为学生依赖性很强和冷漠无情，在专制的和放任自由的课堂中学生的不安及攻击性行为要比民主的课堂中多。实践也表明，如果教师在课堂教学中关心、尊重、爱护学生，注意创造民主、真诚、友爱的班级气氛，鼓励学生自由发表意见，不把自己的意见强加于人，那么学生反过来一般也会尊重教师，自觉遵守课堂纪律，课堂管理就会取得比较好的效果。如果教师领导作风专断，经常给学生施加压力，则很容易造成学生心理上的过度紧张、焦虑，产生挫折感，甚至引起抵触情绪，在课堂上与教师或他人产生冲突对立，破坏正常的教学秩序。这就是所谓的"力"的作用是相互的。

第二，教师的教育价值观。

教育价值观是教师对教育的看法，即教师对教育的总体认识，也是一种根本的评价观念和情感认同。管理也是基于信念的行为，而不是简单的操作行为，这种观念或者说是信念存在于日常的点滴管理行为之中。教师的这种教育价值观或者说教育信念直接影响教师的教育行为。有着清晰教育价值观的教师在处理、教学问题时，选择非理性的、不尊重学生行为的可能性大大小于其他教师。因为他们的行为十分谨慎，他们时刻注意其行为与教育观的一致。而那些没有清晰、坚定的教育观的教师很少有一致的、清晰的行为选择，往往会出现语言与行为不一致的现象。通常情况下，很少有教师能意识到自己在处理教育、教学问题时是自己的教育观念影响自己作出行为的选择，而以往纯粹的教育理论的学习也无法使学习者检验自己的教育观念。在实际教育教学中，恰恰是教师本人的观念指导着教师的教学及管理行为。如果教师以学生的成长和发展为中心，那么他在课堂管理中就会尽可能地关注到每一名学生的具体情况，注意、挖掘和培养每一名学生的长处。如果教师以学生的分数为中心，那么他在课堂管理中就会围绕学习分数"不择手段"，利用各种合理和不合理措施进行教育以提高成绩。在目前的教育实际中，学生分数的绝对统治地位仍然没有得到彻底的改变，许多教师依然只看重学生成绩，以学生的成绩衡量自己的事业成就。这样的教师往往采取各种各样的方法和手段对学生进行管理。所以，在进行课堂管理时，教师首先要转变自己的教育观念，把学生的发展作为管理的目标，才有可能采取恰当的行为方法对学生进行管理。只有教师的观念转变了，我们才能摆脱旧的束缚，走出创新教育的路子。反之，如果教师的观念没有发生转变，即使面对新课程、新教材，仍旧会"穿新鞋走老路"、"新瓶装旧酒"。"关注学生发展"是新课程的核心理念，在新课程的实施过程中，教师必须实现教学观、教师观、学生观、课程观等观念的转变。

第三，教师的知识水平和专业素养。[①]

教师的知识水平和专业素养是影响教师课堂管理行为方式的因素之一。在这一方面，不同年龄、性别的教师在课堂管理中具有不同的表现模式。

男教师大多采用权威型课堂管理，整个课堂完全由教师控制，课堂管理的过程被视为教师对学生课堂行为的控制过程，强调教师对于运用控制策略建立和维持课堂秩序的重要作用，而且较多地采用主控的方式来控制学生，规则倾向于周密而严谨、约束多、弹性少，注重惩罚和控制。

女教师和老教师则倾向于放任型管理模式，强调学生的个人自由和个人选择，允许学生按其兴趣和需要做他们想做的事情，对其行为不予以任何的指导。在这种行为模式中，教师的作用在于促进学生的自由，促进其自然发展。

一些年轻教师由于管理经验不足，则常采用行为型课堂管理。在这种管理模式中，教师的主要任务是掌握和运用行为主义原理对学生的课堂行为实施正确的积极强化和消极强化，鼓励、发展期望行为，削弱、消退非期望行为。课堂行为型课堂管理强调榜样力量、行为强化和心理辅导。

有经验的优秀教师多采用教导型课堂管理模式，他们能认真设计和实施教学，可以预防和解决大多数课堂行为问题。有效的行为管理是高质量教学的必然结果。教师的作用在于认真设计教学，使教学变得有趣，也就是要让教学适宜于学生的能力与需要，为每一名学生提供获得成功的恰当机会，始终激发学生的兴趣与动机。教导型课堂管理注重课程教学设计和学生能力兴趣，注重课堂环境和教师明确而积极的指导，课堂管理的主要任务之一就是激励和引导，对学生管理应该由"惩罚"转为"激励"。事实上，能否极大地激励学生进行变革，目标的确定、环境的建构和有效的沟通往往有很大的作用。从某种意义上说，目标的确定为师生确立一条正确的前进路径，良好的课堂环境为目标的

[①] 孙智. 新课程背景下课堂管理之研究 [D]. 兰州：西北师范大学，2006.

实现奠定不可或缺的物质基础，沟通提供一种达成理解、共认与不断前行的手段，而成功的激励为战胜前进路径中的障碍而持续发展的课堂活力提供保证。此外，教师在课堂教学中要善于调控学生的课堂注意力。学生的课堂注意是指学生在课堂上对一定对象的选择与集中，注意的对象既可以是外部事物，也可以是学生自身的内部心理世界。有关研究发现，注意是心理活动对信息的一种复杂的选择或过滤过程，学生的课堂注意状态直接影响着课堂活动效率和课堂纪律状况。从这个意义上讲，加强学生课堂注意的调控，集中学生听课的注意力是提高课堂效率、减少学生问题行为的"治本"方案。

（2）学生方面

第一，学生的责任感。

学生既是课堂管理的对象，又是课堂管理的主体。学生学习目标明确，态度端正，基础知识扎实，学习能力强，行为习惯规范，主体自律性强，课堂管理自然得到规范。不同的班级往往有不同的群体规范和不同的凝聚力，良好的班级往往具有融洽、和睦、积极向上的群体心理气氛，这种气氛有利于课堂管理。

第二，学生的疲劳程度。[①]

注意力需要强有力的自我控制。课堂教学中的紧张气氛以及学生长时间致力于思考这两个因素容易引起学生的疲劳，影响学生注意力的集中。据研究，不同年龄的学生集中注意的时间各不相同，7—10岁的学生是15—20分钟，10—12岁的学生是20—25分钟，12—15岁的学生是25—30分钟。总起来说，年龄越小，注意就越不稳定。如注意力不集中，思想开小差，还容易做小动作。因此，课堂管理应考虑学生的疲劳程度，采用恰当的方式进行调节。此外，还有可能因为教学内容太易或太难，学生感到索然无味或不理解课程内容；教师的教学方法单调也会使学生对教学产生厌烦情绪，转而寻求其他刺激，以致违反课堂纪律。

第三，学生面临的挫折与压力。

学生在课堂、学校甚至在家庭中，常常会面临一些无法抗拒的压力，如同学之间的激烈竞争、家庭关系紧张等。有些学生对于教师提出的学习及行为方面的要求，自己达不到，频频受到挫折，面临失败的威胁，当这些压力累积到一定程度时就容易导致课堂上问题行为的发生。

第四，学生寻求注意的行为。

有时候，有些学生表现出问题行为是为了赢得教师和同学的注意，哪怕是消极的注意。当学生获得注意的意图时，开始多表现为乖巧可爱，多才多艺，

---

① 王丽丽. 小学课堂有效管理研究[D]. 长春：东北师范大学，2009.

名列前茅,各方面都十分优秀。但由于他们表现出来的上述行为的目的不是为了学习或与人合作,而只是为了炫耀自己,提高自己的地位,使自己获得更多的、特别的注意,一旦他们发现自己在某方面不如别人,以往的表现不能再获得注意与赞赏时,便会表现出其他的问题行为以期获得教师的注意,如懒散、消沉沮丧、骚扰他人等行为。以寻求注意为目的的学生是无法忍受被教师忽视的,他们常常情愿忍受教师的处罚。

第五,学生逃避令其不愉快的状态或活动。

有时学生产生问题行为是因为要逃避令其不愉快的状态或活动,有时候也是为了保存自己的面子而故意制作恶作剧等。此外,还有研究表明,课堂问题行为与学生的情绪和性别有关。产生问题行为的学生常有情绪冲动,容易对刺激产生一种过于敏感或过度的反应倾向,甚至有些学生的过度活动是由于脑功能轻微失调造成的。性别因素对问题行为的影响也是有差别的。一般来讲,男孩比女孩有更多的问题行为,有人认为男孩的问题行为是由于获得言语技能较慢造成的。

第六,学生认知能力发展不平衡。

课堂问题行为的产生总是和学生的学习密切联系在一起的,而学生学习状况的好坏与其认知发展水平又是密切相关的。在小学,学生认知水平参差不齐,这往往会使教师在教学中顾此失彼,而处在两个极端水平的学生则最容易成为问题行为的"源头":一些认知发展超前的学生可能早已进入形式运算思维阶段,能够独立思考和解决问题,一般的课堂教学要求往往无法满足其需要,于是他们总喜欢在教师提问时未经允许就抢先说出答案,在课堂作业完成后用剩余时间"关心"其他同学,在课堂中对教师的讲授不予理睬,做自己想做的事情,写其他学科的作业;而另一些认知发展相对落后的学生则始终停留在具体的运算阶段,对每一个知识点都需要反复讲解和练习才能够接受,由于班级授课不能完全满足其需要,因此在课堂中难免遭受挫折,遭受挫折的学生易产生紧张、焦虑、惧怕等情绪反应或采取捣乱、破坏课堂纪律的行为"发泄",在一定条件下,这些情绪反应就可能演变为课堂问题行为。[①]

(三)课堂管理与课堂教学的关系

17世纪,捷克教育学家夸美纽斯首次在理论上论证了班级授课制的合理性,此后,班级授课制逐渐成为世界各国的基本教学组织形式。班级授课制所主张的以班级为单位,分学科、分课时进行的教学就是课堂教学。由于学生在课堂教学中以学习间接经验为主,课堂中每一名学生的智能、人格特征和态度的差异性,都会直

---

① 杜萍. 有效课堂管理[M]. 北京:教育科学出版社,2008.

接影响教学效果。此时,课堂管理便成为学校教育中令人关心的问题。

在班级授课制的教学形式下,教学过程的落实终究要通过课堂来完成,为此课堂管理与教学过程是同步的,所以教师既是教学者,又是管理者,而教师首先要做好的就是管理者。设想一下,一个闹哄哄的课堂,连起码的纪律都保证不了,何来和谐融洽的气氛呢?在这样的情况下,无论你是多么出色优秀的教学者,你的教学有效果吗?答案是不言而喻的。所以,在实际教学过程中,管理行为不仅要与教学行为结合在一起,它还是进行有效教学的基础和前提。当前,课程改革在课堂教学层面遇到的最大挑战就是无效和低效的问题,提升课堂教学的有效性是当前深化课程改革的根本要求,而课堂管理涉及课堂教学的方方面面,贯穿教学的整个过程。有效的课堂教学取决于有效的课堂管理,没有有效的课堂管理,就不会有有效的课堂教学,课堂管理与课堂教学是相依相存的。

课堂管理是教师通过协调课堂内各种人际关系而有效实现预定教学目标的过程,是课堂教学取得成功的必要前提和保障。课堂教学与课堂管理是教师课堂行为中两个重要的方面。课堂教学是在教师的组织与主持下,为完成规定的教学任务而有目的、有计划、有步骤地进行的师生共同参与的教学活动。课堂教学是教师的主要任务,其目的是保证教学目标的达成,保证学生按照教师的预期在行为、思想、知识、能力等方面获得成长,是学校教育的主要内容。课堂管理是围绕着课堂教学进行的,是课堂教学得以顺利实施的手段和保障,两者在同一时间和地点发生,相互依赖、相互制约。一方面,好的课堂教学的前提是有好的课堂管理技术和师生关系,是学生的自我控制能力与水平发展到一定阶段的有力保障;另一方面,好的课堂教学也有利于课堂管理的实施,运用高超的课堂教学艺术,追求课堂教学的改革与创新,不仅能吸引学生的注意力,而且会使学生对教学的内容与过程产生浓厚的兴趣。

随着基础教育课程改革的逐步推进,以及教育观念的不断更新,新的课堂教学的变化对传统的课堂管理模式提出了严峻的挑战。这就要求我们对新课程理念下的课堂管理问题进行重新审视与定位,传统的课堂管理模式刚性太强,缺少创造力与活力,忽视了管理中的"人性"因素,具有很大的局限性,已跟不上时代发展的要求。为改变这一现状,我们必须在课堂管理方面作出抉择,主动吸收先进思想,重建课堂理念,启用新的课堂管理模式,创建积极和谐的课堂环境,营造和谐的学习氛围,激发学生的学习动机,鼓励学生持续地自我学习,让学生享有愉快和谐的课堂生活。这样的课堂不仅充满秩序,而且充满生机与活力,学生也不再是被教师命令控制的群体,而是一个被来自各方面信息驱使的不断变动的组织。有效的课堂管理要求教师树立正确的以人为本的管理观念,熟练地掌握课堂管理的策略和技巧,形成自己的有效的课堂管理风格。

课堂教学与课堂管理的有机结合至关重要。首先，从课堂管理的目标与结果看，课堂管理始终围绕教学开展，其最终目的是教学目标的达成，即提高教学质量，促进学生的发展，这也正是课堂教学目标所应达到的结果。第二，从教师在课堂中使用的手段看，有时也难以区分出课堂教学手段和课堂管理的手段，我们常常可以将教师在课堂中所使用的某些手段既看做课堂教学的手段，又看做课堂管理的手段。

就国内现有的研究成果来看，研究者们基本都将视线集中于教师教学行为的改进，对于课堂教学的另一层面——课堂教学管理问题却鲜有问津。教育对培养创新型人才起到了重要的基础作用，创新型人才的培养必须依靠创新的教育。课堂教学创新是创新教育的主渠道，是学生创新素质培养的重要途径。现代社会，向管理要效率，向管理要质量的呼声越来越高。

事实上，课堂教学管理是同课堂教学发展共生的，也是在长期课堂教学发展过程中逐步形成和完善的一种保证课堂教学实践有序进行的机制。然而，正是由于它们的共生性，使课堂教学管理常常被掩盖在教学工作中。但是，课堂教学管理的重要性是不容忽视的，它是在课堂教学活动的实践中，根据课堂教学活动的需要产生的，并维系和支持着课堂教学的管理活动，它的根本任务是要通过协调、整合、重组、理顺和调整好教学过程中的各种关系，保证教育教学目标的顺利实现。因此，在课堂教学仍作为学校基本教学组织形式的今天，教育者要想成功地实现教育教学目标，保证课堂教学的优质高效，提高课堂教学效率，就必须在理论和实践上对课堂教学管理问题进行有意义的探索和变革。

21世纪是知识经济时代，人类加快了向现代社会迈进的步伐，科学技术、文化思想日新月异，国际间的交流不断加强，竞争日趋激烈。一个国家综合国力的强弱从根本上取决于国民素质的高低，国民素质的提高则有赖于基础教育的持续发展，而基础教育要实现持续发展，高效的课堂教学是保证。因此，当今基础教育的课堂教学管理改革已成为世界潮流。

为顺应基础教育改革的世界潮流，适应世界知识经济的挑战，培养21世纪的创新型人才，第三次全国教育工作会议提出了全面实施素质教育，并将培养创新精神和实践能力作为素质教育的重点，这一教育观念与教育模式的根本变革，对中小学教育无疑是一场挑战。教育部于2001年6月颁布了《基础教育课程改革纲要（试行）》，提出了六条具体的目标，这些目标的实现需要改变传统的课堂教学及课堂教学管理，因为课堂教学管理是整个教育管理机制中的主轴。随着素质教育的全面推进和第八次基础教育课程改革的不断深化，中小学教育的改革，尤其是课堂教学的改革已势在必行，加强对课堂教学管理的研究已成为时代潮流。

第二章　调节学生课堂注意力

小学阶段是儿童注意力的发展时期，呈现出特有的规律。教育教学实践表明：学生学习成绩的优劣很大部分取决于其注意品质的好坏。有的学生成绩差，并非其智力水平低，而是由于课堂上不能集中注意力。在本章，我们将具体阐述儿童课堂注意力的特征及表现规律，帮助教师在教学设计和课堂实施时有效地调节儿童的注意力。

【学习要求】
1. 儿童课堂注意力的特征和表现规律有哪些？
2. 如何制定有效的策略来调节儿童的课堂注意力？

一、注意的相关知识概述

（一）什么是注意

注意是和意识紧密联系的一种心理现象，但它既不同于意识，也不同于对某一事物反映的感知、思维等认知过程。注意是心理活动或意识在某一时刻所处的状态，具体表现为一定对象的指向和集中。它是人们非常熟悉的一种心理现象，除了睡眠以外，只要是在清醒状态下，人的注意活动总是经常进行着。[1]

指向和集中是注意的两个基本点。指向指的是选择和确定心理活动的特定对象和范围，即人的心理活动总是选择了某个对象，而忽略其他对象。指向不同，人接受的信息也不同。注意指向的对象，可以是外部事物，如外部的人或物，这种注意称为外部注意或环境注意；也可以是个体内部的思想、情感体验等，这种注意被称为内部注意或自我注意。集中指的是心理活动开始之后，注

---

[1] 张积家. 普通心理学 [M]. 广州：广东高等教育出版社，2004：151.

意使之不断深入到被选择出来的事物或活动中去。正是由于注意集中于某一事物或活动，人们对无关的事物才会出现"视而不见"、"听而不闻"等现象。如果说指向性是指心理活动或意识朝向某个对象，集中性就是指心理活动或意识在一定方向上活动的强度或紧张度，它是一种在意识加工过程中阻止无关信息进入意识的能力。心理活动或意识的强度越大，紧张度越高，注意就越集中。

指向和集中是同一注意状态的两个方面。注意指向的范围与集中的程度存在着相反关系。注意指向的范围越大，其集中性就越差；指向的范围越小，集中性就越好。

注意不是一种独立的心理过程，而是一种心理状态。注意表现在各种心理活动中，它是一切心理活动的起点，同时又伴随着各种心理活动过程的进行。也就是说，注意是心理活动的一种积极状态和必备条件。在现实的心理活动中，注意不能离开感觉、知觉、记忆、想象、思维等心理过程而单独存在。当人们在注意某一事物的时候，往往伴随着情绪、情感体验，意志活动也参与其中。例如，人们在注意某一事物时，人的血液循环和呼吸都可能出现变化，当注意高度集中时，还常常伴有某些特殊的表情动作。注意的外部表现可以作为观察主体注意状态的客观指标，但两者有时并不一一对应。在课堂上，有的学生眼睛盯着教师，好像是在认真听课，但实际上他的注意可能不完全在教师所讲的内容上，而是在关注与教学无关的其他事物。注意的内部心理活动与外部表现的不完全一一对应，给研究注意提出了许多值得思考的问题。

◆ **资料库**

注意与意识的区别①

首先，注意不等同于意识。一般来说，注意是一种心理活动，而意识是一种心理内容或体验。如果把人脑比作一台电视机，那么意识就是它所包含的节目内容，注意就是对电视节目进行选择的过程。注意决定了什么东西可以成为意识的内容，什么不可以。只有被注意到的内外刺激，才能被个体察觉，进入意识。

其次，注意又和意识密不可分。人从睡眠到觉醒，再到注意，是意识状态的连续体。人在意识状态下，注意集中在对当前有意义的内容上，得到的认识比较清晰和深刻。自动化过程要求很少的注意，相应的意识参与的成分也较少，这时人对对象没有清晰的了解，注意被分配到其他方向。

总之，在注意条件下，意识与心理活动指向并集中于特定对象，从而使意

---

① 张积家.普通心理学[M].广州：广东高等教育出版社，2004：151.

识内容或对象清晰明确，意识过程紧张有序，并使个体的行为活动得到意识的控制。

（二）注意的分类

根据注意的目的性和意志努力程度，可以把注意分为无意注意、有意注意和有意后注意。[①]

无意注意是指事先没有预定的目的，不需要特别努力的一种注意状态。在小学阶段，教师的直观教学、课本上的有趣插图、课堂上形象的教具都能引起小学生的注意，所有这些都是无意注意。无意注意的缺点在于：这种注意一般是由外部因素引起的，一旦可以引起兴趣的事物消失，注意也就保持不下去了。

自觉而有预定目的，必要时还需做一定意志努力的注意就是有意注意。有意注意对活动目的和任务有深刻理解，能合理、有序地组织活动，能主动排除来自外部或内部的各种干扰。有意注意是一种比较高级的注意形态。从生理机制来说，它是和高度发展的皮质抑制机能相联系的，是和第二信号系统的发展相联系的。低年级儿童，皮质抑制机能和第二信号系统的发展还不够完善，因而有意注意还不能成为主要的注意形态。

有意后注意指的是活动开始时伴随着有意注意，以后这个工作或学习逐渐变得有兴趣了，不再要求一种特别的紧张的努力，或者由于间接的兴趣而把困难的作业变成有趣味的学习。它是在有意注意的基础上发展起来的一种特殊的注意形式。

例如，人们为了需要再学一门其他外语时，起初困难较大，但又不得不集中注意去学习，这时的注意是有意注意。后来，由于积累了丰富的相关知识，同时也掌握了学习这种语言的一些规律，这时学习变得容易了许多，原来的有意注意也就转化为有意后注意了。在学习上，把有意注意发展为有意后注意，是保持和巩固有意注意的重要手段。

◆ **小贴士**

著名教育家乌申斯基曾说："教育者在利用有意注意的时候，也应当使它成为无意注意，这样，这些学课的作业就会由勉强而逐渐地变成对于这些课业的爱好。"

---

① 朱智贤. 儿童心理学 [M]. 北京：人民教育出版社，2003：353.

（三）注意的功能

注意在心理活动中具有如下功能：[①]

1. 选择功能

我们周围有大量信息，它们对我们的重要程度不一。注意的基本功能在于选择重要信息，排除无关刺激。如果没有注意，人的心理活动就没有一定的方向而杂乱无序。

2. 维持功能

外界信息进入信息加工系统后，每种信息单元必须经过注意才能转换成一种持久的形式而得到保持。如果不经过注意的加工，信息就会很快消失。正是由于这一功能，使得注意对象的映像总是保持在意识之中，直到任务完成。注意的维持功能在学生的学习中起着非常重要的作用。研究表明，学生的学习成绩与注意的保持时间成正相关。

3. 整合功能

特瑞斯曼（Treisman，1988，1992）认为，人对外界输入信息的精细加工及整合作用都发生在注意状态下。在前注意状态下，人们只能对事物的个别特征进行初步加工；在注意状态下，人们才能对个别特征的信息进行整合，成为一个完整的物体。

4. 调节功能

注意不仅表现在稳定而持续的活动中，而且也表现在活动的变化上。当人们需要从一种活动转向另一种活动时，注意的调节功能就发挥作用了。人只有在注意转变的状态下，才能实现活动的转变，才能适应不断变化的环境。

二、儿童注意力的特征

（一）小学儿童注意发展的一般特点

注意力是随着年龄的增长而不断发展的，本章节中主要讲述儿童注意力的一般特征。儿童入学以后，学习成了他们的重要任务，学校和家长向其提出了许多新的严格要求：要求他们准时到校，不迟到，不早退，不旷课。课堂上要坐姿端正，集中精力听课，回家后认真完成当天的作业。这些要求逐步为儿童

[①] 张积家. 普通心理学 [M]. 广州：广东高等教育出版社，2004：152.

所接受，成为儿童注意发展的新的需要。为了完成学习任务，教师和家长不仅要培养学生的有意注意的能力，也要训练其有意后注意的能力。这种注意发展的新需要与原有水平之间的矛盾，构成了儿童注意力发展的动力。儿童只有在不断的学习实践中，才能使注意力不断得到发展。研究表明，儿童有意注意和无意注意的发展特点有以下几个方面：①

(1) 在教学影响下，儿童的有意注意开始发展，而无意注意仍起着重要作用。

刚入学的儿童，还不完全适应学校的学习生活，缺乏自我调节、自我控制的能力，这时无意注意起重要作用。例如，上课时，学生很难长时间地注意教师的讲课内容，短时间的集中注意后，便会分散注意，开始发呆，想其他事，手中摆弄小玩具，做小动作，与身边的人交谈，等等。这时教师就要想办法拉回学生的注意力，让他们尽可能长时间地专注教学内容。在做作业时，也往往需要家长或教师的监督，其有意注意基本上是被迫，自制力还不够强。

随着年龄的增长，大脑不断发育成熟，神经系统活动的兴奋与抑制过程逐步协调起来，注意的稳定性和集中时间也渐渐加长了。同时，由于教师和家长的训练，儿童的有意注意逐步发展起来了。四五年级的学生有意注意开始占主导地位，他们逐步理解了自己的学习责任，以及在班集体中自己与同学及教师的关系，大部分学生能够自觉学习和完成作业。

有意注意，是通过内部言语形式实现对自身各种心理活动的调节和控制。从个体发展史来看，初生婴儿只有无意注意。随着身心的发展和言语技能的提高，有意注意才发展起来。总起来看，儿童的有意注意的发展经历了三个阶段：

① 通过成人的言语指令而引发的有意注意。成人要儿童做各种活动，认真完成学习任务，上课注意教师的讲课内容。这时，儿童的注意已不是单纯的无意注意，形成了初步的有意注意。

② 儿童通过自己出声的言语活动，调节和控制自己的各种心理活动。

③ 通过内化过程，儿童可以用内部言语来调节和控制自己的各种心理活动，这是有意注意的高级阶段。小学高年级学生已基本达到了这一水平并仍在继续发展。

(2) 儿童对抽象材料的注意正在逐步发展，而具体的、直观的事物在引起儿童的注意上，仍起着重大作用。

儿童时期，兴趣起着重要作用，具体生动、直观形象的事物容易引起他们

---

① 林崇德. 小学生心理学 [M]. 杭州：浙江教育出版社，1993：130.

的注意。这是因为儿童的知识水平和言语水平有限，具体的形象思维仍占重要地位。因此，教师不仅要给学生创造快乐的学习环境，还要善于把枯燥的学习内容变得生动、有趣。随着知识水平的提高和学生抽象逻辑思维能力大发展，学生对具有一定抽象水平的学习内容的注意能力也逐步发展起来。学生既要发展对具体、直观、形象的事物的注意能力，更要发展对抽象、概括的知识的注意能力，因为直观、形象的事物只是为了辅助学生理解抽象的知识。与此同时，学生探究新奇事物的能力也有所发展，作为教师要保护学生的好奇心，放手去让他们参加实践活动，引导他们自己探索新知识的形成过程。

（3）在整个小学时期，儿童的注意带有明显的情绪色彩

儿童由于大脑与神经系统活动的内抑制能力没有充分发展，一个兴奋中心的形成往往波及其他相应器官的活动，面部表情、手脚乃至全身都会配合活动，所以注意表现出明显的情绪色彩。在课堂上，如果听得入神，学生就会表现出一本正经的样子，如果听得高兴，就会露出纯真的笑脸，甚至会手舞足蹈起来，如果不理解就会显示出迷茫的表情。儿童上课流露出的这些丰富的表情，给教师的教学工作带来了方便。教师可以根据学生的反应，判断他们是否在认真听课，是否掌握了教学内容，进而调节教学的进度。

◆ **资料库**

儿童注意力分散的表现[①]

（1）课堂上思想开小差，搞小动作，东张西望，定不下心来听讲。

（2）教师提问时，站起来不作反应或答非所问。

（3）教师布置作业时，心不在焉，极少能按时完成课堂作业和家庭作业。

（4）学习时粗心大意，解题时错误百出，不是遗漏就是曲解。

（5）越是想学习的时候，越是无法集中注意力，头脑被一些莫名其妙的怪念头占据着，无法摆脱。

（6）有时候，脑子里一片空白，不知道教师都讲了些什么。

（7）自控能力差，常把注意不由自主地从一个对象转向另一个对象，听课效果差，学习效率低，并严重影响学习成绩的提高。

（二）儿童注意特性的发展

不论是有意注意还是无意注意，都表现出集中性、稳定性、广度、分配、转移等几种特性。在小学阶段，这些特性得到不断的发展。值得注意的是，人

---

① 李淑珍. 中小学生心理健康问题咨询及矫正 [M]. 北京：中国社会出版社，2008：26.

们的兴趣、才能、性格不同，心理活动所选择的具体内容也就各不相同。注意所指的对象有差异以及注意本身具有意识性，这样使得注意在广度、深度、稳定度上也各具差异。

1. 小学生注意集中性和稳定性的发展①

注意的集中性指注意指向于一定事物时聚精会神的程度。当我们专心注意某一事物时，意识中就会极其鲜明清晰地反映这一事物，而周围的其他事物则显得"模糊不清"。当注意高度集中时，甚至可以"看不见"或"听不见"周围发生的其他事情。教学中，学生的注意高度集中是非常必要的。教学实践证明，学生的学业成绩与学生学习时注意的集中性和稳定性成正相关。小学阶段，儿童注意的集中能力是逐步发展的。低年级学生注意的集中水平较低，主要表现如下：

（1）注意集中性的深度不足。他们能观察具体形象的事物，而不善于观察抽象、概括的教材；能集中注意事物的表面现象，而不善于分析事物的本质联系。

（2）注意集中的时间较短并且注意的稳定性较差。注意的稳定性指的是注意的集中性在时间上的持续情况，即在一定时间内把注意集中于某一事物或活动上的能力。在教学中，不仅要求儿童的注意能集中在课业上，还要稳定地保持在课业的进行上。

◆ **资料库**

注意力保持的时间②

多布雷宁认为注意能够不断地被保持是由经常保持着的意志努力和活动本身的吸引力所决定的，小学生的有意注意稳定性可以采取合适的教育措施加以克服。他对二至四年级学生进行实验，要求他们抄写熟悉的课文，并指出数量、质量都将受到检查，抄写过程中，主试每隔半分钟发出1次信号，要求被试者在听到信号后立即在正写到的那个字下面划一个记号。研究证明，通过这种及时提醒的方式，10—12岁的学生可以保持注意40分钟而不出现疲劳反应。但在实际教学过程中，教师并不能时刻提醒学生对讲授内容的注意，所以容易造成学生的注意分散，学习疲劳。

苏联心理学家阿良莫夫认为，儿童有意注意的稳定性随着年龄的增长而增强。他通过观察实验发现，在一般情况下，7—10岁儿童可以连续集中注意20分钟左右，10—12岁儿童在25分钟左右，12岁以上儿童在30分钟左右。如

---

① 朱智贤. 儿童心理学 [M]. 北京：人民教育出版社，2003：354.
② 林崇德. 小学生心理学 [M]. 杭州：浙江教育出版社，1993：134.

果教材新颖，教法得当，高年级学生保持 40 分钟的注意是完全可以做到的。当人们要完成一件连几秒钟都不允许注意分散的工作时，注意能保持 20 分钟、15 分钟，甚至 10 分钟、5 分钟就算不错了。

注意集中的时间不是一成不变的，它往往受许多因素的影响，如年龄、个性、兴趣、理解能力、知识水平、教学内容、教学方法等。单调乏味、灌输式的教学，很难使学生长时间集中注意力。生动有趣、条理清晰的课堂，大都数学生都可以保持 40 分钟左右的时间。有意注意和无意注意两者有节奏地交替调节，有利于注意稳定性的提高。在高度集中注意后如果有短暂的休息来缓解疲劳，注意的稳定性就可以延长一些。

2. 小学生注意广度的发展

注意的广度也就是注意的范围，指的是在同一时间内知觉客体时所能注意到的客体的数量。同一时间内，学生能够注意到更多的教学内容或事物细节，对提高学习效率具有重要意义。

注意的广度不是绝对的，它受许多因素的影响。例如，教学内容的系统性和可接受性，教学方法的适当性，观察对象的光亮度、色彩、呈现方式等。

3. 小学生注意分配能力的发展

注意的分配是指在同一时间内把注意分配到两种或几种不同对象或活动上的能力。在教学活动中，师生都要很好地分配自己的注意力。如教师一边讲述教学内容，一边要观察学生的课堂反应，不断调控课堂；学生要一边听课，一边记笔记，一边思考问题。低年级学生不善于分配自己的注意力，让他们边听边记很困难。随着知识的加深和教师的长期训练，学生才能把注意同时分配到听讲、抄笔记和思考上。

影响注意分配的因素有两点：第一，在同时进行的两种或几种活动中，必须有一种是熟练的，动作可以达到"自动化"的程度，无需紧张注意，这样才能把注意集中在比较生疏的活动；第二，注意的分配水平依赖于同时进行的几种活动的性质、复杂程度等。同时进行的几种活动越生疏、越复杂，注意的分配就越困难。

4. 小学生注意转移能力的发展

注意的转移是根据新的任务主动地将注意从一个对象转移到另一个对象上去。这是学生有目的地将注意转向新的对象，使一种活动被另一种活动所代替。注意转移的快慢、难易，与原来的活动吸引注意的强度、引起注意转移的新事物的特征有关。如果原来的事物或活动有较强的吸引力，那么注意转移的时间就相对缓慢。新事物或活动符合人的兴趣和需要时，注意转移就越容易。

此外，注意的转移还与个体的个性特征有关，转移的快慢因人而异。

三、儿童课堂注意力的表现规律

注意是学生进行学习的重要前提。学生学习这一心理活动是一个复杂的过程，它包括感觉、知觉、记忆、思维和想象，要想使这一过程顺利地进行下去，必须始终有注意的参与。注意本身不是一种独立的心理过程，它是伴随感觉、知觉、记忆、思维、想象等心理过程而存在的心理现象，是心理过程的开端。当心理过程开始以后，注意仅仅是帮助我们初步感知事物。如果注意不能贯穿整个心理活动的始终，而只是短暂地停留在心理过程的某个初级阶段就转移了，那么就不能引起其他的心理活动的发生，人们对事物的认识就会停滞不前，人们得到的只是肤浅的印象，甚至是片面和错误的认识，整个的认知活动就会归于失败。因此，要获得好的教学效果，必须要较长时间地稳定学生的注意力，直至整个教学过程的完结。

教师在教学过程中要善于利用注意的规律组织教学，以提高学生的学习效率。注意的规律主要是指无意注意的规律、有意注意的规律和有意后注意的规律。

（一）要善于运用无意注意的规律

无意注意是由内外刺激所引起，并受刺激物的特点和人的内部状态所制约。刺激物的特点和人的主观状态既能帮助学生集中注意，也能分散学生的注意。

1. 刺激物本身的特点

刺激物的特点主要指刺激物的新异性、强度和运动性等。刺激物的新异性是引起无意注意的重要因素。所谓新异性是指人们从未经历过的事情及其表现出来的特征，或者指刺激特性的异常变化及各种特性的异常结合。在课堂教学中，新奇的事物容易引起儿童的注意，而司空见惯的内容则不容易吸引学生的注意力。刺激物的强度指的是刺激物作用于主体的强烈程度。但引起无意注意的主要是刺激的相对程度，即刺激物强度与周围环境的对比。例如，在学生嘈杂的声音下，教师的大声管教有时也难以引起学生的注意，此时，教师若一言不发，静静地看着吵闹的学生，学生反而会突然停止吵闹，开始注意教师的神情。刺激物的运动对注意的影响表现为活动变化的事物容易引起人们的无意注意。例如，在课堂上进行有趣的活动或教师的语言抑扬顿挫等，都有助于儿童在课堂上集中注意力。

2. 人体的内部状态

无意注意与人的主观状态，如知识经验、情感态度、需要等密切相关。在相同外界刺激影响下，人的主观状态不同，引起无意注意的情形也不同。凡是能满足儿童的需要和符合他们兴趣的事物，都容易引起其无意注意。注意还与人的知识经验有关，儿童会对与其自身经验接近的事物产生兴趣，容易忽视与他们知识经验相差较远的事物。

在课堂教学中，教师合理运用无意注意的规律，对提高教学质量、培养学生的注意能力是很有意义的。教室环境的布置、师生的衣着和言行等，都会对学生的无意注意产生影响。所以，教师应和学生共同打造舒适的课堂环境，在其中精力充沛地学习，达到教学相长的目的。教学内容的编排也要考虑学生已有的知识经验，同时教法灵活多样，尽力激发学生的兴趣，使他们能够较长时间地集中注意力。

（二）有效发挥有意注意的规律

有意注意是注意发展的高级形态，是通过言语实现对心理和行为的调节和控制。儿童通过知识的学习，言语能力不断提高，有意注意才逐步发展起来。培养儿童的有意注意要考虑以下几点：①

1. 对活动的目的与任务的认识

有意注意是一种有预定目的的注意。目的任务越明确，越易引起和维持儿童的有意注意。经验丰富的教师，常让学生在课前预习，标出不懂的地方，带着问题去听课。这样学生不仅能深入理解教材，而且能够自觉排除干扰，从课堂上选择有效信息。

2. 对活动组织的依赖性

一个有良好学习习惯、能自觉遵守课堂纪律的学生，一般都能集中注意力专心学习。所以，培养学生良好的学习习惯和生活习惯，对于发展儿童的注意力是很重要的。这需要教师和家长对学生进行长期训练。另外，教师还要重视良好班集体的建设，在一个良好的集体环境中，有助于学生良好注意的发展。

3. 个人的知识经验

人们对自己熟悉的事物和活动，无需付出特别的意志努力，就能熟练地加工和操作。教师如果想要学生注意力集中地听课、学习，就必须考虑学生已有的知识经验和接受能力。远离儿童的知识经验或需要儿童花大量的精力去理解

---

① 林崇德. 小学生心理学 [M]. 杭州：浙江教育出版社，1993：140.

的知识，不利于儿童有意注意能力的发展。

4. 在学习中要劳逸结合

有意注意维持的时间的长短，还与学生的学习是否疲劳相关。学习疲劳有两层含义：一是指长时间的学习，使身体的生理功能下降，难以再集中注意力。因此，教师要合理安排教学内容，并保证儿童有充分的活动时间。另一种是指心理上的疲劳，如学生厌倦单调的灌输式的教学方法。如果教师采取生动活泼的教学形式，加强师生的沟通，在教师的引导下，让学生自己探索知识的获得过程，课堂气氛就比较活跃，大多数学生都能够集中注意力。

（三）充分利用有意后注意的规律

有意后注意是注意的一种特殊形式，它同时具有无意注意和有意注意的某些特征。有意后注意也有明确的目的，但不需要付出特别的意志努力，不容易疲劳，对从事长时间的、复杂的学习活动有特殊的意义，因而培养学生的有意后注意就显得十分必要。培养有意后注意，关键在于激发学生的学习动机，明确学习的目的，再经过长期训练，久而久之，习惯成自然，使有意注意转化为有意后注意。

四、教学设计与注意力的调节

（一）学生课堂注意力分散的主要原因

事实上儿童听课的时候不会无缘无故地集中注意，也不会无缘无故地分心。通常教师都抱怨学生不注意听讲、不爱学习、不尊重教师等，实际上这些看法都是教师不了解学生注意力的特点，不了解学生注意力分散的原因。因此，在学生注意力分散的时候教师更应该在大脑中多形成一些问号来自省："他们在干什么，为什么不听讲？我该如何重新组织他们的注意？"等等。

有经验的教师常常就是这样做的：当觉察到学生的注意维持不下去的时候，能马上判断出学生注意分散的原因并及时转换教学方式，重新集中学生的注意力。从实际情况来看，如果上课时许多学生都不注意听讲，教师确实应该在自己身上找原因。有效教学的重要条件就是教师要掌握学生注意分散的原因，然后及时预防注意分散的发生从而达到最佳的教学效果。

1. 厌烦、急躁

一般说来，下列情况容易引起学生的烦躁情绪，干扰学生的注意：

（1）教师上课照本宣科，学生听不到比自己看书所能获得的更多的信息，体验不到发现和领悟新事物的快乐。

（2）学生听不懂教师讲的内容，越听不懂越发急，干脆不听。

（3）教师的教学方式千篇一律、单调乏味，课堂气氛沉闷、压抑，学生易产生心理疲劳，有厌倦感。

（4）该下课了教师仍讲不完，总是拖堂，学生心生反感无心听讲。

2. 迁 怒

某些教师或对学生不公平，或不尊重学生（如学生向教师打招呼，教师却视而不见，不予理睬），或对学生讽刺挖苦，造成师生关系紧张。师生关系一旦紧张，学生就会把对教师的不满情绪迁怒于课堂，拒绝听讲。

3. 心理准备不足

有的学生进了课堂，却没有明确的学习目标，因而完全从兴趣出发，觉得教师讲得有意思就听，没意思就不听。例如，有的学生认为像历史、政治课等，听不听无所谓，反正有书，下去背背就行，因而上课时就干别的事情。

4. 寻求注意和肯定

有些学习成绩不良或行为习惯欠佳的学生，平时很少受到教师、同学的重视，他们之中的顽皮者在上课时可能故意尖声大叫、欺负同学、搞恶作剧等，想以此引起教师和同学的注意。

（二）学生课堂注意力按时间段分析

笔者通过对长春市某小学的调查和分析发现，学生课堂学习的注意力集中程度在各时段有所不同，具体表现如下：

1. 课堂的前 10 分钟

在调查中可以我们看出，在这一时段，大部分学生都处在对学习内容感兴趣或有明确学习目的的心理状态，注意质量优良的达 85%。

2. 课堂的中期

在课堂中这一时段，注意力优良的学生占被调查人数的 60% 左右。而相对间断性集中率显著上升，主要心理原因是学生对课程内容的学习兴趣和对学习内容接受质量下降，教师的注意力调节方法和策略发挥着至关重要的作用。调查中也发现对课堂学习目的不明确的人数呈上升趋势，分析形成原因的实质是学生对课程内容初始的新鲜感不断消失，课堂内容对学生的刺激性逐步减小，在课堂的前一时段这种刺激很大程度上能集中学生的注意力，但这种注意从心理学上讲是一种无意注意，即是一种无预定目的，也无须意志努力的注意，所以这种注意在这个时间段随着内容刺激作用的降低也随之下降。同时，我们发现课程内容接受质量下降的学生人数显著上升,原因之一是部分学生的无意注意下降,原因之二是学生的意志素质不同。学生在经历了前一时段的紧张注意之后,注意可能出现分散,意志力较强的学生凭意志的努力能集中注意,听课质量保持良好,而意志较差的学生则出现注意涣散,听课质量下降。

3. 课堂的后 10 分钟

此时段与上一时段相比,注意力不能集中的学生人数明显增多,注意力处在不能集中和间断性集中的学生占大多数,课堂的整体注意质量较差。分析其主观心理原因主要是注意的向外转移和对课程内容理解有难度;接近下课、疲劳和上一时段对课程内容存在的理解问题是造成这一时段注意力下降的主要客观原因。这一时段注意品质直接影响学生的学习效果。

(三)如何组织学生的课堂注意力

根据上述在课堂学习中,学生注意力在各个时段的特点及原因分析,教师可以更加科学地设计教案,实施教学。

1. 开始上课,紧紧吸引学生的注意力

由课下到上课,看似简单实为关键。课下的学生,有的或许蹦蹦跳跳、玩得不亦乐乎,有的或者因没有回答好教师的提问而自责,有的或许为身边发生的某些事或出现的人而吃惊、感叹,或者几名同学为了上节课的某个问题各抒己见、热烈讨论,等等。短短的几分钟,教师要想马上将众多的学生的思想集中到自己要讲的那堂课,组织好学生的注意力,确实需要动一番脑筋,巧妙处理。

(1)按时候课,得体致礼。现在大多数学校都提倡学生和教师在上课前 2 分钟到教室"候课",为的就是帮助学生抛开其他与学习无关的事,为集中精神上课作准备。这时,教师更应组织好学生的注意力,调动学生的学习积极性,及时投入到新的知识海洋里进行探讨。上课铃响后,教师自然、从容地进入教室,学生们一般会自觉停止一切与学习无关的活动,准备上课,这是对学生的身教。面对起立敬礼的学生,教师和蔼可亲的目光,又是对学生心灵的一次无声的洗礼。

但有的教师不注意自己的行为,认为喊喊学生"别吵了,咱们上课"就行了,这种看法是万万要不得的。天长日久,学生会形成思想不集中或难集中的坏习惯,造成知识出现小断层,衔接不起来,学起来吃力的恶果,直接影响学习成绩。而那声响亮、热情又标准的"同学们好",又让学生感受到了师生如友的和善、友好的氛围。

◆ **同行支招**

我在每天开始上课时都必须坚守的原则：在喊起立以后，如果有的学生行为不整、思想不集中，我就用既严厉又关切的目光注视，只有当所有的学生集中注意力、精神饱满地看着我时，我才致以得体的回礼。[①]

（2）抓住要点，巧设悬疑。面对课下活蹦乱跳的学生，如果能用一件让他们感到既新鲜又与本堂课主题密切相关的事物集中注意力，则又是一巧妙办法。例如，讲小学三年级科学课《生活中的磁铁》时，吴老师以学生感兴趣的钓鱼游戏作为课堂质疑导入，在纸片鱼的嘴上挂一些磁铁能吸引起来的和不能吸引起来的两类物质，学生在钓鱼过程中遇到这一疑问，并将其分成两类，这时教师巧妙设疑：为什么磁铁能吸起来这些（这一类），而那些就吸引不起来呢？进而学生对磁铁的磁性问题就有了继续探究的愿望，注意力高度集中，接下来的教学环节就进行的非常顺利。

2. 课堂教学中，时时抓住学生的注意力

这一时段是课堂教学的最长时段，组织好这个时段的教学是课堂教学的重点。简单或复杂的基础知识有时会使学生感到枯燥，课堂教学时间长、任务难，学生在脑力和精神上很容易疲劳，以上这些都会引起注意力的分散。很多教师反映，许多学生在课堂上仅能保持20分钟左右的良好听课时间，接下来就会出现疲惫、走神的现象，在最后临下课的2—3分钟内又会恢复精神，等待下课的铃声。特别是学起来吃力的学生，注意力更容易分散。教师该怎么做才能抓住学生的课堂学习注意力呢？时时观察学生的表现，针对课堂上学生注意力分散的不同情况的特点，采取有效的方法来集中学生的注意力，完成课堂教学的各个环节。

（四）教学方法丰富多样

各学科的教学内容主要是关于该学科的基本原理、基本知识，理论性较强，少有趣味。如果用单纯、抽象的语言介绍知识，难免令学生分散注意、摇摇欲睡。要解决这个问题，小学课堂教学中应采用符合其教学内容的丰富多彩的教学方法。

教学方法是教师与学生为实现教学目的和教学任务要求，在教学活动中所采取的行为方式的总称，如讲授法、演示法、发现法、探究法等。教学方法的分类就是把多种多样的教学方法，按照一定的规则或标准，将它们归属为一个有内在联系的体系。国内外，不同的学者从不同的维度对教学方法的分类也不

---

① 资料由长春市南岭小学栾燕老师提供，吴林整理。

同。李秉德教授在其主编的《教学论》一书中，按照教学方法的外部形态以及相对应的该种形态下学生认识活动的特点，把中小学教学活动中常用的教学方法分为五类。

第一类方法："以语言传递信息为主的方法"，包括讲授法、谈话法、讨论法、读书指导法等。

第二类方法："以直接感知为主的方法"，包括演示法、参观法等。

第三类方法："以实际训练为主的方法"，包括练习法、实验法、实习作业法等。

第四类方法："以欣赏活动为主的教学方法"，如陶冶法等。

第五类方法："以引导探究为主的方法"，如发现法、探究法等。

◉ 资料库

黄甫全教授关于教学方法的分类，提出了层次构成分类模式。从具体到抽象，教学方法是由三个层次构成的，这三个层次如下：

第一层次：原理性教学方法。解决教学规律、教学思想、新教学理论观念与学校教学实践直接的联系问题，是教学意识在教学实践中方法化的结果。如启发式、发现式、设计教学法、注入式方法等。

第二层次：技术性教学方法。向上可以接受原理性教学方法的指导，向下可以与不同学科的教学内容相结合构成操作性教学方法，在教学方法体系中发挥着中介性作用。如讲授法、谈话法、演示法、参观法、实验法、练习法、讨论法、读书指导法、实习作业法等。

第三层次：操作性教学方法。指学校不同学科教学中具有特殊性的具体的方法。如语文课的分散识字法、外语课的听说法、美术课的写生法、音乐课的视唱法、劳动技术课的工序法等。

中小学课堂教学中实用的教学方法多种多样，丰富多彩，下面详细阐述其中最常用的一些主要的方法。

讲授式教学方法。教师主要运用语言方式，系统地向学生传授科学知识，传播思想观念，发展学生的思维能力和智力。具体实施形式有讲解教学方法、谈话教学方法、讨论教学方法、讲读教学方法、讲演教学方法。

问题探究式教学方法。教师或教师引导学生提出问题，在教师的组织和指导下，通过学生比较独立的探究和研究活动，探求问题的答案而获得知识的方法，包括问题教学法、探究教学法、发现教学法。这三种教学法强调在教师的引导下，学生主动参与到发现问题、寻找答案的过程中。与知识的获得相比，掌握知识如何获得的过程更为重要，是自主学习的方法。运用发现教学法与探究教学法时，应注意以下几方面的要求：

第一，努力创设一个有利于学生进行探究发现的良好的教学情境。

第二，选择和确定探究发现的问题（课题）与过程。

第三，有序组织教学，积极引导学生的探究发现活动。

问题探究式教学方法实施的基本步骤：创设问题的情境——选择与确定问题——讨论与提出假设——实践与寻求结果——验证与得出结论。

训练与实践式教学方法。通过课内外的练习、实验、实习、社会实践、研究性学习等以学生为主体的实践性活动，使学生巩固、丰富和完善所学知识，培养学生解决实际问题的能力和多方面的实践能力。包括示范教学法、模拟教学法、项目教学法。前两种较好理解，项目教学法是以实际应用为目的，通过师生共同完成教学项目而使学生获得知识、能力的教学方法。其实是以小组为学习单位，步骤一般为咨询、计划、决策、实施、检查、评估。主张以学生学习为主，教师指导为辅，学生通过完成教学项目，能有效调动学习的积极性，既掌握实践技能，又掌握相关理论知识，既学习了课程，又学习了工作方法，能够充分发掘学生的创造潜能，提高学生解决实际问题的综合能力。

在教学过程中，根据具体教学的实际，对上述教学方法进行优化组合和综合运用，使得课堂教学丰富多样，学生的整体参与性、注意力也就得到了有效的提高。

1. 教学内容贴近生活

我们在生活中常有这样的体验：对与自己密切相关的事物特别关注。例如，股民对股票信息，下岗者对就业信息，毕业生对求职信息的关注。所以产生关注，在于外界事物与内心需求相一致，因而产生了共鸣。心理学上把这种现象谓之"接近心理"，这种接近心理普遍存在于每个人的心中。在教学中，我们要善于运用这种接近心理，同样能引发学生注意。如何运用这种心理规律呢？

知识讲授要能贴近学生的实际生活，并且帮助学生解决生活中的问题，也要注意举例应来自学生的生活经验。教师讲课举例如果远离学生生活，学生就会感到缺乏亲切感，从而无法产生学习的热情。调动学生的学习注意力，教师不妨从与学生的生活与经验相关的事例、现象出发，以取得学生的共鸣，赢得学生的注意。例如，在讲小学四年级数学课《小数的加减法》时，可以联系学生对超市购买小食品的生活经验和需要。这样，学生能感觉到知识在现实生活中的原型，学习了就可以运用，所以学习的兴趣就高了起来，注意力自然就集中了。

2. 教学过程中恰当的提问

激活思维与保持注意有密切的联系，激活思维是稳定注意的一个有力手段。学生的思维被激活后,其心理活动就会指向教师的讲述,其思维就会围绕教学的思路展开,这样注意力就集中到了课堂上。

思维的激活常常是由问题引起的,充满悬念的问题能激起学生的好奇心和求知欲,这种强烈的好奇心和求知欲可以转化为探索问题的强大动力,从而促使学生对所提问题深究到底。因而能否激活思维,所提问题就成了关键。怎样设置问题呢?

第一,提问的方式要灵活多样。教师在教学过程中,应尽量避免僵化呆板的提问方式,而应该结合具体问题,结合学生实际采用多种方式相结合的提问方式,以求最大限度地激活课堂气氛,提高教学效果。提问的方式主要有记忆式提问、判断式提问、追加式提问、启发式提问等。

(1) 记忆式提问。这些问题多用来测试学生已知哪些、理解哪些和可做什么,例如:什么是三角形?有谁记得三角形有哪些种类?这类问题可以让学生保持清醒,不足之处是它无法让学生学到新的东西。

(2) 判断式提问。有时提问内容可采用"是……还是,是或不是"的提问方式。例如,水是液体吗?西红柿是水果还是蔬菜?没有光的地方就没有影子,对还是错?采用这样需要判断的提问方法看似简单,实际上学生必须完全掌握事物本身的涵义、性质以及和相关事物的区别。这些问题会引起学生对事物的已有经验,进行比较与鉴别,思维活跃起来。与记忆式提问不同的是这些问题是可能引起争论的判断,教师可以接着鼓励学生与同伴们思考不同的观点,并利用学生已知内容对案例展开讨论。

(3) 追加式提问(层次式提问)。对于某些难度较大的提问,教师在提问时可以从简单的问题开始,逐步延伸到更具挑战的问题,循序渐进。做到这一点的一个好办法是使用布鲁姆的《教育目标分类学》,它包括 6 个层次:知识——寻找信息、回忆内容、理解——用自己的理解赋予信息以意义、应用——可以在一个新的情况中运用学过的技能、分析——可将信息分解成部分,并理解部分与整体的关系、综合——可以综合现有因素创造一些新的内容、评价——基于公认的标准对事物的价值作出客观的判断。例如,童话故事《金发女孩与三只熊》中,教师可以这样分层次地设计提问:

知识:《金发女孩与三只熊》这个故事中发生了什么?
理解:为什么金发女孩最喜欢小熊的床?
应用:如果你是金发女孩你会怎么样?
分析:金发女孩是一个好女孩还是一个坏女孩?
综合:在这个故事中,你最喜欢哪个部分?

评价：你认为熊对金发女孩好吗？

追加提问的方式，是教师从简单的问题入手，进而一步步启发并引导学生，使其进一步深入思考，以便得出正确答案。这样，避免了学生不求甚解的现象。

同时教师需要注意的是，不要拘泥于上面的分类，你会发现很多问题——尤其是高层次问题，可能不仅属于一种类型。不要认为学生必须学会回答低层次问题才能处理高层次问题。学习不总是按照以上的分类层次进行的。相信您会根据课程内容的具体情况，选择怎样设计你的追加提问式的问题。

（4）启发式提问。这类的提问多是一种开放性的问题。例如：与其问"5加8等于几？"不如问"13可能是几加几的答案？"；这样开放地问："你会怎么对一个外星人解释水的属性，以使他理解水是液体？"而不是呆板地问："水是液体吗？"

启发式提问不仅关注问题的答案，更关注如何找到答案的过程。教师应该鼓励学生关注如何找出答案，而不仅关注答案本身。例如"你是如何知道这是一个三角形的"，"为什么$\frac{7}{9}$不能被约分"，等等。

◆ 同行支招

做约分练习时，一名学生认为$\frac{7}{9}$不能被约分，是因为它的分子、分母都是奇数。于是栾老师接着问，$\frac{3}{9}$的分子、分母也都是奇数，它能够约分吗？学生马上意识到$\frac{7}{9}$不能被约分，是因为分子、分母没有公约数。在这之前学生们认为只有分子、分母都是偶数，这个分数才能够被约分。[①]

这种启发式的提问，在促进思考方面可能会更令学生兴奋，从而集中注意的思考。当出现不同看法时允许学生进行讨论。通过这样的讨论，课堂气氛极为活跃，同学们可以纷纷各抒己见。学生们的注意力全部集中在要解决的问题上，想分散也难了。

第二，提问的内容要有思维价值。所谓思维价值是指所提问题要难易适度，既不是不假思索就能回答，也不是其难无比、高不可攀，而是可望可即、似懂非懂，令人有跃跃欲试、一解为快之感。学过数学的人都有这样一种体会，上数学课注意力往往比较集中，是数学课的内容新颖有趣吗？还是数学教师的语言特别动

[①] 资料由长春市南岭小学栾燕老师提供，吴林整理。

听,或是数学课教学手段多姿多彩?都不是,相对于其他学科而言,数学课在这些方面处于弱势。然而为什么学生的精力会比较集中呢?

这是因为这节数学课,思维活动比较适度,既不是一蹴而就,简单容易;也不是高不可攀、其难无比。适度的思维活动有助于有意注意的稳定。有的数学课教师上课时常会提出一些发散性的问题,如:"求甲地到乙地的路程有多远?""学完了整数的运算规律,你能推理出小数的运算规律吗?"这样的提问提高了思维活动的强度,不是轻易就能答出的,需要深入思索,这样有利于保持学生注意的稳定性。这样提问具体、明白、由浅入深,更易于启动学生思维,使其注意指向所问问题。由此看来,太难太易的问题都不利于吸引学生的注意,要稳定学生注意,所提问题必须难易适度。

第三,提问题的角度要新颖有趣。提问最重要的是能引起学生的兴趣,调动学生思维的积极性,使其产生强烈的求知欲。同一个问题,有不同的问法。有的直接、平淡无奇,令人无法产生回答的欲望;有的新颖独特令人耳目一新,产生跃跃欲试之感。例如,《感受数的大小》,设计这样的提问:"我们的心脏大概一秒钟跳动一下,那么人这一辈子心脏会跳动多少下呢?""一页纸的厚度是1毫米,教室这么高的一摞纸,大概有多少张呢?"这样的提问,使学生惊奇地感受到数的无限大,引起强烈的注意和思维活动。又如《小数点的计算》:"超市中牛奶1.5元一袋,如果有打折促销活动,一打5袋共(买4赠1)6.8元钱,问是买一打价钱合适,还是单个买合适?"从这个例子可以看出,要想引起注意,启动思维,问题的设计角度要新颖独特、趣味盎然,不能过于直白,否则难以达到预期效果。

3. 课堂接近结束时,科学把握学生注意力

长时间地听、学、写,学生们往往会表现出劳累状,易分散注意力。此时教师要把握学生注意力的特点,应用所学知识,形式多样、接近生活地思考一些问题,学生自然乐于动脑、动口、动手。学生在解决题目中感受到知识的力量及其带来的精神愉悦,注意力自然集中了。这样既是对所学知识的考察与应用,更是学生思维创造能力、口头表达能力的培养与锻炼。高度集中的注意力能使大脑特别兴奋,思维尤其活跃。如若能使自己的讲课紧紧吸引住学生,让学生积极动脑,自主学习,教学效果自不待言。

◈ **同行支招**

王老师在课堂提问的时候还经常变换要求,以调节学生的高度注意。如学生"开火车"轮流读生字,火车开到一半,突然变换"站点",让另一侧的同学接着"开",教师指生字同学读,按照顺序点三个,突然指下一行的生字,看谁先读出来；或者这个问题"第一小组请回答"、"女生请回答"、"第三小组请回答"、"一起答"等，学生争相回答问题，又必须听清要求。①

五、注意力调节的策略

教学是一门综合的艺术，是学生在教师的指导下，师生共同完成各项教学目标的复杂劳动过程。在这个复杂的过程中，占主导地位的教师必须具有很高的课堂教学技巧和策略，灵活调度，在整个教学过程中自始至终组织好学生的注意力。这正是优化课堂教学结构，提高教育教学质量的重要措施。

◆ **小贴士**

捷克教育家夸美纽斯曾经提出："只是为了有人听才来讲话，只是在学生注意的时候才进行教学。"组织好学生的注意力是提高课堂教学水平的关键，也是提高学生听课水平的保障。

（一）教学方法内容丰富，力求新颖而有趣

千篇一律的、老一套的教学方法容易使学生产生腻味，而新颖的，特别是与学生的兴趣相联系的教学活动最能引起学生的注意。课堂教学不能是教师一讲到底，而应适当穿插其他形式，如使用直观教具、提问、讨论、让学生动手操作等，这样才能提高学生参与的积极性和注意的稳定性，使课堂教学更有生气和活力。例如，为了结合学生的兴趣和生活经验，可采用多样适宜的、生动的形式方法来组织教学。某位语文教师根据实际情况对教材进行改动和创编，将语文课上的一首小学生难懂的诗歌《望天门山》编成了课本剧，学生们兴趣高昂，注意力集中。这种教学方法蕴涵着深刻的趣味性和艺术性，使原本枯燥的内容变得丰富新颖。

（二）增强教学的形象性、情感性和生动性

在知识传授的过程中，教师一般比较重视教学的逻辑性，力求所讲内容正确、清晰。但仅仅如此，往往还不能吸引学生，特别是小学生。小学生一般更容易接受那些直观的、像的、情绪色彩浓的材料，而对抽象的材料不太感兴趣，因此，更需要教师在增强材料的形象性上下工夫。在讲抽象内容时，教师要设法通过实物直

---

① 资料由东北师范大学附属小学王琳老师提供，童玲整理。

观、图像直观、语言直观等帮助学生理解和掌握。任何概括的材料，只要教师深刻理解并善于联系实际，就叫能联想出适当的直观事例。

当然，教师要非常慎重地选择比喻、事例等，力求避免中小学生因对它们本身产生兴趣，而忽略学习的主要内容和应注意的中心问题。

（三）帮助学生选择或确定注意目标

小学生由于注意的选择性、自觉性差，他们上课不知道注意什么。教师可通过一些有效的方法来帮助学生确立注意对象。例如，可以提高讲课声调或放慢语速，适当重复以示强调，表明内容的关键所在。

（四）注意观察学生的听课状态，及时调整教学活动

尽量做到：第一，上课时教师要注意学生。如果教师只管讲自己的，只注意黑板、书本或眼看天花板，学生也不会很好地听课，因为师生间的良好沟通对保持学生的注意力是很重要的。第二，注意学生是否听得懂，是否已听厌，要根据情况的变化及时调整教学节奏，或变换教学方式。第三，注意学生是否疲劳。学生的注意力就像体力一样是有限的，因此，到一定时间应让学生"喘口气"，放松一下，笑一笑，驱散疲劳。

（五）促使学生集中注意，帮助学生学会自我管理

当学生注意分散时，教师可根据具体情况，提醒学生集中注意，并教给他们自我管理的方法。

（1）给予适当提醒。如凝视开始做小动作的学生或对他们摇头示意。

（2）邻近控制。教师可自然走近学生并站立其身旁，轻拍其背或指出他应该从事的活动，以督促其集中注意。

（3）提出批评。有些学生上课经常不注意，教师应当对其提出批评，帮助其理解集中注意力的重要性。但应避免冤家式的训斥，并且最好是在课下进行，以保证课堂教学的正常节奏和连续性。

帮助学生了解自己注意品质的优缺点，并教给他们一些自我控制、自我管理的方法。例如，上课听不懂时不要卡住，标个记号，继续听；在一定的时间内做一定的作业；保持注意的紧张度等。

总结：以上介绍的仅仅是调节学生课堂注意的几点策略和方法，抓住学生的注意力，方法还有很多，还有待于我们教师和学者进一步研究、发现。我们必须对这一问题给予足够的重视，这样才能解决课堂教学中，学生注意力分散的问题，才能进一步提高和改善课堂教学效果。否则，提高教学质量，培养高

素质人才就成了一句空话。让我们共同努力，为营造一个思维活跃、注意稳定的教学环境而奋斗！

◆ **同行支招**

我在我们班曾经做过一个注意力的检测，就是我跟学生讲一件事情，然后我不重复，一遍都不重复，让他们回家做。第二天，我就给学生做成果分类，一类是听得懂的，就是注意力非常集中的，会完全按照你的要求做；还有一类就是按照你的要求做，但是会改变一点点；还有就是个别同学做的完全跟我要求的一点关系都没有，我就是通过这种方式筛选出一些孩子，重点关注最后那一类。小学阶段一定给孩子培养一个好习惯。①

【思考与活动】

1. 吴老师是刚刚参加工作半年的新老师，他现在能完整地设计一堂课并顺利通畅地讲出来，但课堂中的学生大多都注意力不集中，不听讲。吴老师非常困扰，不知道怎么办，你能帮帮她吗？

2. 姜老师班里有个"天才儿童"，上课时从不见他集中注意听讲，小动作特别多，可是一考试他什么都会。但是他的行为常常干扰其他同学对课堂的注意力，如果你是姜老师你怎么处理？

---

① 材料由东北师范大学附属小学王艳斌老师提供，李晶整理。

第三章　养成与维护课堂行为

很多教师都在抱怨:"现在的学生真难管!"你在工作中是否也感觉到有些学生在课堂上的表现干扰了你的教学和学生的学习?是否感觉到培养学生良好的课堂行为很重要?在本章,我们将讨论教师如何制定课堂纪律,如何用课堂纪律来管理课堂,约束学生的不良行为,培养学生良好的课堂行为习惯,解决学生在课堂上表现出来的问题行为等问题。

【学习要求】
1. 如何制定有效的课堂纪律?
2. 教师如何培养学生良好的课堂行为?
3. 教师如何处理学生在课堂上表现出来的问题行为?

一、课堂纪律的相关理论

(一)课堂纪律的含义及功能

1. 课堂纪律的含义

我们日常所说的纪律主要包含三方面的含义:(1)纪律是惩罚;(2)纪律是通过施加外来约束达到纠正行为目的的手段;(3)纪律是对自身行为起作用的内在约束力。也就是说,纪律强调一种约束力,这种约束力可以是外在的,也可以是内发的。

据此,有人将课堂纪律分为两类:一类是教师的外在控制,一类是学生的内在控制。前者关心课堂的当前情况,后者侧重学生的未来发展。[1] 具体来说,外在控制观认为学生在课堂上产生不符合要求的行为时,纪律应给予惩罚,用外在的惩罚来制止学生的不良行为。而内在纪律观则认为,真正的纪律

---

[1] 李显德. 课堂秩序论 [M]. 桂林:广西师范大学出版社,2003:93.

应该是让学生在某种程度上主动约束和控制自身，这样的纪律才利于保持和维护。

笔者认为，课堂纪律是指在课堂教学这一情境中，为了维持课堂秩序、保证教与学活动的顺利进行而要求学生必须遵守的一系列行为规范。纪律的直接意义在于维持课堂秩序，保证教学活动的正常开展，间接意义在于让学生形成一种尊重规范的意识和习惯，为遵守社会规范和适应社会生活奠定思想基础。

课堂纪律虽然应该对不符合要求的行为进行惩罚，但是纪律绝不能简单地等同于惩罚，课堂纪律的目的也不在于惩罚，纪律的干涉应该是积极结果与消极结果的平衡。① 学生对于这些规范的遵守，既可以是受制于外在强制力的约束，也可以是发自内心的认同和尊重，当然后者更重要。学生的这种由外而内的课堂纪律观念的转化需要一个过程。教师要了解这一转变过程，并在这一过程中适时恰当地发挥引导作用。

◆ 资料库

他律向自律转化过程的五阶段②

2岁前为第一阶段，儿童在作出行为选择时不考虑自己的行为后果，不受任何准则的约束。

2至5岁为第二阶段，儿童开始接受行为的外在准则，但尚未将执行准则视为义务，因而缺乏对行为的约束力。

6至8岁为第三阶段，儿童的行为绝大多数以服从权威为特征，属于权威的他律阶段。

8至12岁为第四阶段，儿童认为准则是同伴间为保证共同利益而约定和接受的社会创造物，具有相互予取的可逆特征，标志着自律的萌芽。

12岁以后为第五阶段，学生能够自觉地利用社会规范约束自己，属于自律的最高阶段。

2. 课堂纪律的功能

一般来说，课堂纪律对于维持课堂秩序，促进课堂有效教学具有重要的积极意义。科学、有效的课堂纪律，不仅能维持和建设良好的课堂氛围，还有利于顺利完成教学任务，提高教学质量，同时也能促进学生的身心健康发展。课堂教学既包含纪律管理，又包含信息交流，而且纪律管理往往先于信息交流。

---

① 罗伯特 J 马扎诺，巴巴拉 B 盖迪，等. 有效的课堂管理手册 [M]. 贺红，曾白云译. 北京：教育科学出版社，2008：29.

② 李显德. 课堂秩序论 [M]. 桂林：广西师范大学出版社，2003：94.

这是因为课堂纪律具有以下功能①：

(1) 课堂纪律有助于学生的社会化，它使学生了解各种场合受赞同或默许的行为准则。

(2) 课堂纪律有助于学生人格的成熟，使学生在对持续的社会要求与期望作出反应的过程中，形成独立性、自信、自我控制、坚持、忍受挫折等成熟的人格品质。

(3) 课堂纪律有助于学生道德准则和道德义务的内化，使学生把外部的行为准则与自己的自觉要求有机地结合起来。

(4) 课堂纪律有助于学生产生情绪安全感，避免对自己行为的迷惑和担心，降低过度焦虑。

课堂纪律意义重大，那我们就来看一下，如何制定课堂纪律。

(二) 课堂纪律的制定

◈ **小贴士**

儿童的天性是好动、好说、好问，有人一刻也坐不住，低年级的儿童不懂什么叫"权威"，什么叫"尊重"，什么叫"民主"，所以一定要给他们立规矩。是规矩，就要和学生约法三章——上课应该怎样做，不能怎样做，违反了，要怎么处分等。

——著名特级教师 于永正

既然课堂纪律对于课堂教学和学生的身心健康发展具有重要的意义，那么，制定课堂纪律，让课堂纪律为课堂教学和师生服务就是非常必要的。

目前，很多教师都是"应该"主义者。在很多教师的意识里，他们觉得学生应该懂道理，应该懂规矩，应该有个学生样。但对于这些道理、规矩、学生样，并不是每名学生都知道的，也不是每名学生都知道该如何做好。况且，每位教师对于课堂纪律的要求不同。例如，上节课的教师允许学生在课堂上不举手就回答问题，而恰巧你不能容忍学生这样做，但学生就不清楚，因此，学生不举手就回答问题的行为在你看来就是"违规"的，甚至会引起你的反感，而学生并未意识到。

不同的学校、不同的班级、不同的教师对课堂规范的要求可能不尽相同，但不论每个课堂的纪律和规范有多大差别，所有管理良好的课堂都会有相应的纪律和规范。因而，每位教师都应该明确自己的课堂纪律，并向学生讲清楚，

---

① 李显德. 课堂秩序论 [M]. 桂林：广西师范大学出版社，2003：94.

最好的情况是制定课堂纪律和准则。当然，在制定的过程中，一定要让学生参与其中，一方面能够体现出教师对于其课堂主体地位的重视和尊重，另一方面也有利于学生自觉遵守课堂纪律，毕竟这是集体力量的体现。

因此，教师在规定课堂纪律的过程中，要注意遵循以下原则和要求：

（1）视学生为课堂纪律制定的主体，吸纳学生参与课堂纪律的制定。课堂纪律的制定不能由教师一个人说了算，那样的课堂纪律只能使学生对课堂纪律甚至对教师产生敌意。学生作为课堂教学的主体部分，对于课堂纪律的制定也有一定的发言权。虽然课堂纪律主要是为了约束学生不利于课堂教学的行为，但我们也不能忽视学生在制定课堂纪律中的作用。学生自己提出的明确、具体的课堂纪律和规范，更有助于学生自觉遵守。

当然，在制定课堂纪律的过程中，对于学生不恰当的要求，教师要适时引导，坚持立场，绝不能放纵学生不合理的课堂行为和要求。

（2）课堂纪律的范围向学生明确说明，并向学生说明违反纪律的后果。向学生解释、说明制定课堂纪律的背景和意义，尤其是说明遵守课堂纪律对于学生的意义，可以此提高学生对课堂纪律的认同感，这不仅能使学生积极参与课堂纪律的制定，还为课堂纪律的有效遵守奠定了心理基础。另外，明确说明学生在课堂上应该如何做，对于违反纪律的学生采用什么样的处罚方法也要向学生讲清，让学生做到心里有数，起到震慑作用。防止出现日后"违规"学生对处罚不服的情况。

（3）课堂纪律规则应尽量少而精，教师确定的课堂纪律应该是最基本、最适宜的，针对学生的经常性行为，一般控制在10条以内。课堂纪律不宜过多，过多过细的课堂纪律会让学生觉得自己受到束缚、拘束，感到压抑，不愉快，不仅不能起到维护课堂秩序的作用，反而容易激发学生的反感情绪。

（4）注意课堂纪律的语言表达。课堂纪律的内容表述要以正向引导为主，尽量采用积极的语言，规定学生可以做什么，少用"不准"或"禁止"学生做什么的言语，积极的语言可以使学生对教师的期望产生积极反映，使学生感受到教师对学生的尊重，从而使学生产生良好的心理效应。

（5）课堂纪律要适时调整。不同时期，学生的"违规"行为可能有不同的表现，因而，课堂纪律要随学生行为的变化而调整，防止纪律规定"已过时"的情况出现。另外，学生一旦将教师的要求转化为自己的自觉行为，这项纪律的使命就已经完成，就需要有新的要求来规范学生的行为。

◆ **小贴士**

有效的课堂纪律的制定[①]

1. 给出清楚的说明。说明包括以下方面：学生将要干什么，为什么要这么做，如何获得帮助，作业完成后如何处理，作业完成后该干什么。还可以明确指示学生用完成任务的时间，或同时附上一个说明：什么时间完成在指定时间内没有完成的作业。

2. 说明作业的要求。这能增强学生的责任感并减轻他们的忧虑。

3. 给出说明后，让学生理解这些说明并说出他们可能会碰到的问题，然后开始行动。

4. 积极接受学生对说明的提问。

5. 将说明放在容易让学生看见的地方。

6. 在活动开始之前，让学生写出说明。

7. 当学生不能依照说明做时，考虑将任务分割成各个小单元任务。

8. 在学生描述活动之前及时给出说明。

9. 树立正确的行为榜样。如要求学生做什么，一般教师也应当按照要求执行。

10. 在活动开始之前，分发工作单。

11. 设立一个专门布置作业的位置。这样，那些没有来的或忘了抄作业的学生可以自己查看作业信息。如果学生对作业信息不明确，还可以每星期指派几名学生对布置的作业进行讲解。

（三）课堂纪律的实施模式

课堂纪律在建立之后，实施便成为最为关键的问题。课堂纪律的实施是课堂纪律由静态规则转化为动态行为的过程。

纪律实施模式的目的是为了帮助学生建立一种内部指导系统，使他们最终能够对自己的行为负责。因此，教师在与学生制定了课堂纪律和规范之后，如何实施这些纪律和规范，对于学生形成内在的自律意识有重要意义。

一般情况下，课堂纪律的实施模式主要有三种[②]：

1. 专制型纪律实施模式

使用专制型纪律实施模式的教师一般把纪律建立在惩罚之上，任何学生在违反课堂纪律之后都能够也必须进行惩罚，教师并不考虑学生的敏感性、理解力以及

---

① Jones V F, Jones L S. 全面课堂管理：创建一个共同的班集体 [M]. 方彤，等译. 北京：中国轻工业出版社，2002：235.

② Raymond M Nakamura. 健康课堂管理：激发、交流和纪律 [M]. 王建平，等译. 北京：中国轻工业出版社，2002：188.

行为后果。但是，这种纪律实施模式其实犯了一个非常明显的错误，就是将惩罚完全等同于纪律。其实，纪律与惩罚是有区别的，纪律是要培养人的自制力、个性和秩序观念等，而惩罚则是维护纪律，促使学生改进行为的一种方式。

经常对学生采取惩罚的教师会感觉他们的角色更像是警察或法官，他们的工作任务就是调查犯罪事实、判断有罪和执行惩罚。有时，他们对学生的处罚非常严厉，甚至和错误没什么关系，学生只是被视为好坏与对错。这样的教育管理方式脱离了教育的本质。

2. 放纵型纪律实施模式

这种纪律实施模式与专制型纪律实施模式完全相反，处于另一个极端。它是没有原则和秩序的民主，这种实施模式将最终的决定权交给学生。这种没有规则、限度和秩序的自由造成了课堂和教学的混乱，在这种纪律实施模式下，学生不会学到如何尊重规则和权威，也不会拥有对待自由的责任心。

放纵使教师和学生在决定规则上拥有平等的权利。放纵型的教师就像放纵型的裁判，当学生犯错误时，他们只是给予警告，或尽量讲道理，而学生却并没有将规则和责任放在心上。放纵不会制止错误行为，更不会教学生规则、责任以及对权威的尊重。大多数学生会把教师视为自己的保护者，学生就无须对自己的行为负责，这样的纪律实施模式会间接地强化学生的问题行为。

3. 健康型纪律实施模式

专制型模式和放纵型模式都具有一定的缺陷：专制型模式要求强制而无视尊重，放纵型模式强调尊重而摈弃强制。如何在两者之间找到一个平衡点是健康型纪律实施模式所要力图达到的目标。在这种模式下，教师既不是法官、指挥家，也不是无原则的裁判，而是在解决问题的过程中指导学生的行为。教师要告诉学生行为的限度是什么，什么样的行为可以被接受，什么样的行为被明令禁止。更重要的是，要明确地告诫学生要如何对自己的行为或活动负责。

健康型纪律实施模式是教师所追求的，也是一种较为理想的实施模式。这种纪律的实施不仅可以让学生遵守师生共同制定的课堂纪律和规则，而且还能让学生形成尊重权威，负有责任感的理念。

◆ **资料库**

当前关于课堂纪律的一些看法[①]

郑金洲（华东师大）：缺乏对学生的关注，缺乏对学生积极性的调动，缺乏学生个性的张扬，可是说是我国中小学课堂教学的通病。走进任何一所学

---

① 傅道春．新课程中课堂行为的变化［M］．北京：首都师范大学出版社，2002：233－234．

校，步入任何一间教室，看到的几乎都是这样的情景：课桌整齐地呈几何图形排列着，学生端端正正、规规矩矩地坐在座位上，发言要先举手且要得到教师的"恩准"，教师站在前面的讲台上，可支使学生做这做那，或一个人滔滔不绝地讲解，"学"在这当中更多地被"忽略不计"了，展现的更多的是教师的"教"。课堂成了教师唱独角戏的舞台。

《教育参考》编者按：不少家长都可能因为自己好动的儿子在上课时做小动作或坐得不端正、插嘴、在教室里奔跑或大声喊叫而被教师叫去谈话，为孩子成为教师讨厌的"顽皮鬼"而大伤脑筋。课堂确实需要纪律，闹哄哄的当然不能上课。但是，学校定的纪律是否符合儿童的生理和心理发展特点？这种纪律是否能容纳儿童的个性？课堂纪律的主要内容是否就是两手放身后，小脚并并拢，身体坐端正，不做小动作？教师们是否分析过学生不专心听讲的原因呢？做小动作的孩子就一定没在学习吗？在严厉的纪律教育下成长的孩子是否走到任何地方都能自律呢？

杨辉（上海市沪新中学学生）：我觉得比起课堂纪律，课堂氛围显得更为重要。在开心的环境里，我会觉得这个学习很愉快，学习效率也一定能提高。相反，如果我觉得这个教师很威严，我心情就会受到压抑，纪律再好也不会提高学习效率。所以我觉得课堂纪律应是教师与学生共同创造的一种十分宽松和谐的氛围。

俞敦华（上海市沪新中学校长）：有什么样的教育理念就有什么样的课堂纪律。长期以来，在教师的眼里，学生正襟危坐，鸦雀无声，专心听讲，认真做笔记，或者教师提一个问题，学生举手如林，然后一个一个起来回答问题，众人认真听，就认为是课堂纪律好。凡是影响、干扰、破坏"井然有序"的课堂纪律的学生，则常常遭到批评、警告、呵斥和惩罚。在这些行为的背后其实隐藏着一种教育思想。在这种教育思想下，自然要求构建一个保证教师讲、学生听的课堂纪律，教师调控纪律的目的是保证教师教学过程畅通无阻。

沈志瑾（上海市昌邑路小学教师）：课堂采取什么样的纪律，归根结底就是一点：教师对学生的人格是否尊重。就我个人认为，上课一定要有纪律，这是教学的前提条件。但同时，我要尊重学生的人格。如果学生考试能得90分，在我课上他可以不听，可以在桌下做自己的事，前提是不要影响别人。尊重学生的人格，平等地看待学生，这个问题解决了就不存在课堂纪律问题。

林石明（学生家长）：我认为，课堂必须要有纪律，不论是以前我做学生还是今天做家长，这一点是很明确的。我觉得课堂纪律的好坏反映出一位教师教学质量、知识水平、管理水平等多方面的能力。课堂上该严肃就严肃，该宽松就宽松。但总起来说，我觉得应以严肃为主，当然由于年龄的差异可以有不同的要求。我认为小学生上课坐端正，手放好，这和军队的立正、稍息是一样的、同等的。

二、培养学生良好的课堂行为

学生是活跃的，在课堂上会表现出很多行为，可以将这些行为分为良好行为和不良行为（问题行为）。笔者认为，学生在课堂上表现出来的行为，凡是符合课堂纪律和规范，有利于教学活动顺利开展的行为，都可以称为良好的课堂行为。

学生良好的课堂行为的养成，通常源自两方面的原因：一是来自于外在的压力，也就是课堂纪律和规范的约束，或者是来自于教师权威的要求；二是学生认识到良好的课堂行为对自己和他人以及对教学的益处而主动作出的符合课堂纪律的行为。对于低年级学生来说，外在的强制力对于学生良好课堂行为的养成具有重要的积极作用，因此，在这一时期，教师必须明确课堂纪律，恰当利用教师权威。而随着年龄的增长，学生的自我意识和叛逆情绪逐渐增强，此时，仅靠课堂纪律的强制力则不能有效地约束学生，甚至会引起学生的反感。所以，教师在这一时期要向学生解释说明课堂纪律和良好课堂行为对于课堂教学的意义，以及学生良好课堂习惯的养成对于学生日后道德行为习惯的形成也具有重要意义。

（一）学生良好课堂行为的表现

学生在课堂上的行为表现多种多样，哪些行为是良好的课堂行为呢？纵观课堂教学实际，笔者认为，学生良好的课堂教学行为主要有以下几方面：

1. 认真倾听

认真倾听是与人交流的基本要求和素养，也是学生在课堂上表现的最基本行为。学生认真倾听，是学生思考和学习的必要条件，也是课堂教学顺利进行的基本前提。学生不仅要认真倾听教师的讲授，还要倾听其他同学的发言。当前在小学课堂中，经常出现这样的情况，一名学生发言，其他学生争先恐后地举手，还急呼"我、我、我"，因此，教师必须要规范，引导学生养成认真倾听的课堂行为习惯。

2. 独立思考

独立思考能力是学生自主学习的必备条件，是学生积极参与课堂教学的前提，也是将认真倾听的内容纳入自己思想体系的保证。没有独立思考，学生就不能真正成为课堂的参与者，只能是课堂的旁观者。教师要为每一名学生提供独立思考的空间和时间，要避免讲课速度过快，甚至"满堂灌"、"一言堂"，还要鼓励学生独立思考，培养学生探索问题的能力。另外，对于那些妨碍其他同学思考的学生行为也要予以正确引导。

◆ **同行支招**

学 生 抢 答

上课的时候，每次提出问题，都有一些比较活跃、纪律不太好的学生在其他同学还在思考的时候就喊出答案，这种行为影响了其他学生的思考，也会在一定程度上扰乱课堂秩序，小张同学就是一个典型。他聪明但比较张扬，每次都在其他同学还没想好的时候就把答案喊出来，严重影响了其他同学的思考。所以，在每次提出问题之后我都会强调："这个问题一定要仔细思考，没让举手的时候不要举手，一定要多思考一会儿，谁的坐姿最端正，老师就先叫谁回答，如果抢答的话，老师下回会问你比较难的问题，回答不出来，老师就会有相应的惩罚措施。所以，想好再说。"这时，学生就知道不能抢答，如果小张不小心喊出答案，我会夸奖他"你很聪明"，但同时我也会提醒他："如果你能给其他学生机会就更好了！"①

有些学生的知觉与思维方式是冲动性的，即以很快的速度形成自己的想法，他们有迅速回答问题的欲望，急忙回答，所以容易犯错，案例中的小张就是如此。对于这样的学生，教师可以采取提醒、暗示等策略，予以适当干预。案例中采用的方法就很恰当，既保护了小张的自尊心，又能保证给予其他学生一定的思考空间。

3. 做好记录

做笔记是传统学习方式中的重要环节，也是很多教师提倡的一种基本学习方法，我们通常所说的做记录就是指做课堂笔记。学生为了避免遗忘，会记录教师讲授的一些重点、难点问题。事实上，学生所做的记录内容更重要的应该是自己独立思考的过程和结果，记录自己的想法和见解，记录自己的思维状态。在当前的课堂，存在很多学生记笔记没有重点，过于详细，甚至妨碍了倾听，顾此失彼的现象。因此，教师在日常教学中要有意识地指导学生如何做好笔记。

4. 积极参与

学生是课堂教学活动的主体，课堂是师生的共同舞台。学生的积极参与是实现其课堂主体地位的重要方式。学生参与课堂的积极性、主动性强不仅有利

---

① 案例由东北师范大学附属小学谭慧老师提供，李利鑫整理。

于提高课堂教学效果，而且也是课堂氛围融洽的一个重要体现。学生在课堂上的积极提问、积极发言、积极讨论等行为都是学生积极参与课堂的表现。因此，教师要给予学生积极参与课堂的机会和空间，对表现积极的学生给予一定的鼓励和赞扬。

5. 合作交流

学生在课堂上的合作和交流被认为是学生有效学习的方式之一。学生之间的合作交流也是课堂互动的重要方面，是课堂教学生成性的一个重要前提。小组合作探究作为学生合作的重要方式，也是当前中小学教师经常使用的教学方法。教学实践表明，学生的合作学习在提高学生学业成绩，培养学生自尊心、自信心，激发学习动机，营造热烈浓厚的课堂教学氛围，培养学生口头表达能力和创造能力等方面都有着积极的作用。因此，教师要在课堂上鼓励学生之间恰当交流、积极合作。

学生良好课堂行为的养成不是一朝一夕的事，更需要教师的指导，也需要师生之间较长时间的磨合，形成默契。因此，在日常课堂教学中，教师要时时注意学生的行为表现，恰当地找准时机对不良行为给予纠正。

◆**同行支招**

建立良好的学生行为对于课堂管理很重要，尤其对于低年级的学生，王老师巧妙地运用手势和面目表情提醒学生注意调节自己的行为，例如，食指放在嘴前"嘘——"就是小声点；有时学生争论问题或者纷纷要求举手发言，气氛热烈但有些喧闹，王老师就会伸出右手做一个"收"的姿势；学生发言声音太小，老师就张开右手，做一个"放"的姿势，提醒学生放开胆量，放开音量；在讲课中，如果有同学发生小矛盾，没必要停下课来解决，王老师就会冲着这两名同学伸出两手的食指在嘴角前划过，做一个笑脸的姿势。时间长了，王老师的每个动作学生都能心领神会，老师可以一边讲课，一边提醒、纠正学生的行为，所以，在王老师的课堂上，学生表现非常好。[①]

（二）建立良好课堂行为的前提条件

学生的良好课堂行为是课堂活动顺利进行的基本前提和保证。在课堂管理中，"一分预防胜过十分矫正"。学生一旦在课堂上表现出不良行为，即便是再有效的管理和矫正策略都会干扰正常的课堂教学，甚至会影响师生间的情感。因此，建立良好的课堂行为显得尤为重要。而学生良好课堂行为习惯的养成也

---

① 资料由东北师范大学附属小学王琳老师提供，童玲整理。

需要教师做好以下前提条件：

1. 发挥课堂纪律的作用

前面提到了师生应该共同制定课堂纪律和规范。制定课堂纪律的目的就是为了让学生表现出良好的课堂行为，避免不良行为。因此，教师要充分利用课堂纪律，对于良好课堂行为予以表扬和鼓励，并按约定对不良行为给予一定惩罚，让学生体验到纪律的严明和教师的公正。当然，教师在对不同学生的违规行为进行处罚时会因人而异，采取不同的惩罚措施，此时，教师要注意：尽量让其他学生理解并认同你的做法，防止学生产生"老师偏向某人"的想法。

2. 教师要以身作则

教师和学生同为课堂的主人，在某种程度上说，师生是平等的。纪律对学生的课堂行为进行约束的同时，也要约束教师的课堂行为。而且，教师还要注意自身课堂教学行为对学生的影响。教师要明确自己什么样的行为是好的，什么样的行为可能给学生带来不良影响。教师的一个小动作，都有可能成为学生效仿的对象。因此，教师在管理学生的同时，更需要注意自身的课堂行为。

◆ 资料库

教师不恰当的课堂表现①

1. 不能控制自己的情绪。例如：大叫，丢课本，使用攻击性语言等。
2. 恶言相向。例如："你像只猴子，给我坐好！"
3. 侮辱学生的人格。例如："你除了懒惰，一无是处。"
4. 粗暴。例如："你给我闭嘴！"
5. 过度反应，小题大做。例如：小丽不小心将课本掉在了地上，教师便说："你怎么连这么点儿事都做不好。"
6. 表现冷酷。例如："小铭，记住今天的作业，你的脑袋常有问题。"
7. 杀一儆百。例如："因为上课有人不专心听讲，所以我今天多布置点儿作业。"
8. 恐吓。例如："如果再让我听到一点儿声音，我就叫你们绕操场跑三圈。"
9. 唠唠叨叨。例如："我今天注意到有人把垃圾筒当做球篮，你们投篮可以到篮球场上去，但在教室里……"等等。
10. 咄咄逼人。例如："你在做什么？你为什么这样做？难道你不知道这样做错了吗？立即给我道歉！"
11. 制定专断的规则。例如：在制订课堂常规时不让学生参与讨论。

---

① 杜萍. 课堂管理的策略. 北京：教育科学出版社，2005：236—237.

3. 形成良好的课堂气氛

良好的课堂气氛是温馨的、愉悦的、给予支持的。良好的课堂气氛能够消除学生的紧张和焦虑心态，使学生感受到友善与接纳，能够让学生在充满喜悦与成就感的心情下学习，为教师的课堂教学和管理奠定良好的心理基础。良好课堂气氛的形成需要师生的共同努力，由于青少年学生容易受外在因素的影响，所以教师要用良好的教师风度来感染学生，用民主、平等的领导方式来管理学生，用群体动力来调节学生间的关系，还要掌握与学生沟通的语言技巧。这些对于形成良好的课堂氛围都至关重要。

4. 建立良好的人际关系

◈ 小贴士

在课堂上一定要尊重学生，建立和谐、平等、民主的师生关系；在课堂教学活动中，教师决不能"居高临下"，而要把自己看做与学生在一起的参与者、探索者。

——著名特级教师 李烈

师生关系直接影响课堂教学中师生互动的品质，良好的师生关系和生生关系有利于创造出良好的气氛。无论在课上还是课下，教师都要处理好各种人际关系。例如，教师与学生的关系、教师与家长的关系、学生与学生的关系。很多研究表明，学生对教师的态度直接影响着学生对该门学科的兴趣和努力程度，从而影响其学习成绩。良好的师生关系也会自然地使学生乐于服从教师的管理，而教师与家长的良性沟通，也会使学生对教师产生较好的印象，加深师生感情。学生之间的关系和谐也是良好课堂所必需的，如果学生之间存在这样那样的矛盾，也很容易成为出现课堂问题行为（说话、吵架等）的导火索。因此，建立良好的人际关系也是良好课堂管理的前提。

（三）建立良好课堂行为的策略和方法

本书将详细介绍两种操作性和实用性较强的建立良好课堂行为的策略[①]：

1. 果断纪律策略

果断纪律策略是由美国学者肯特夫妇提出的。他们认为教师在管理课堂时，应该充满自信，确切地告诉学生什么样的行为是课堂可以接受的，什么样的行为是课堂不能接受的。但教师要避免用错误的观念来控制课堂纪律，那样只会造成学生心理上的伤害。肯特夫妇在果断纪律策略的操作上提出了五个步骤：

---

① 杜萍. 课堂管理的策略 [M]. 北京：教育科学出版社，2001：166—238.

第一，教师要明确提出对学生的要求。教师要避免对学生的"消极期待"给学生带来的负面影响，要力图建立对学生的积极期待；教师在建立班级常规时要认识到学生需要限制，学生尊敬有权威的教师，希望有权威的教师教育他们，而不是期望被放任和缺乏管理；在课堂管理中，教师也有权利要求学校、家长甚至是教育行政人员的支持，这样的课堂管理系统才能稳定，在面对学生的挑战时从容面对。

第二，学会使用果断的反应方式。肯特夫妇将教师处理有特殊行为学生的反应分为优柔寡断、怒气冲天、果断反应三种类型，在课堂管理中避免前两种，教师在面对违反课堂纪律的行为时，要果断采取有效措施加以控制，既要避免粗暴方式，又不能心存疑虑，优柔寡断。

第三，确认对学生的期待行为和非期待行为。教师的期望对学生行为的影响是巨大的，这一点已经被"罗森塔尔效应"所证实。教师必须确认自己所期待的学生行为是什么，并把这些活动列举出来，采用适当的方式向学生宣布，让学生清楚什么是教师所期望的行为。学生会受到教师期望的影响，按教师的期望实施行为。

第四，追究学生行为的后果。当学生表现出正当行为时，教师应给予鼓励，以此达到强化该行为的目的；而当学生表现出非正当行为时，教师应采取行动，适当地给予惩罚；因此，教师要赏罚分明。建议教师做到以下几点：教师应与学生相互约定，但不恐吓学生；预先选择适当的奖励或惩罚后果；确立负向行为结果的处理顺序；进行要求学生和追究学生行为后果的演习。

第五，实行一套积极、果断的制度。在课堂上，教师除了对课堂上的"违规"行为进行限制和处罚以外，教师还应采取一些积极的反应方式。当学生的行为有所改善和进步时，教师应作出积极反应。例如，加强对学生的个人注意，向家长反映学生的进步，对于表现好的学生给予特别奖励，赋予学生特别的权利，等等。

2. 行为矫正策略

该策略源于行为主义心理学派的强化理论，是用条件反射原理来强化学生的良好行为，消除不良行为的一种方法，其步骤是：确定需要矫正的行为，制定矫正的目标，选择适当的强化物与强化时间，排除维持或强化问题行为的刺激，以良好行为取代问题行为。

行为矫正策略的使用要求教师首先明确要改变的学生行为，并确定将来想要学生有什么样的行为。这一过程首先要求教师分析课堂中引发学生不良行为的情境，选择可以用来改进学生行为的奖赏或处罚方法。其次要求教师明确所期望的学生新行为，通过系统强化手段，引导学生产生。更重要的是，行为矫正要求师生配合，学生不了解行为矫正的目标便不能主动与教师合作，如果教师运用的强化物不当，强化的效果也不理想，而如果教师忽视不良刺激的排除，就会冲淡良好刺激的作用。

几种常用的行为矫正方法：

（1）强化目标行为。教师首先在课堂上要明确学生必须具有的目标行为，一旦学生达成教师所期望的行为，就奖励他。既可以使用口头表扬，也可以采用物质奖励等方式。

（2）常规—忽视—奖赏。这种方法的使用以教师和学生共同制定课堂常规为前提。课堂常规建立以后，教师要时刻注意学生的行为表现，观察哪些学生遵守规则，并给予遵守规则的学生奖励，而且要尽可能使学生经常得到奖励。对于那些"违规"的学生，给予忽视，有意忽视使这些学生无法从教师那儿得到强化。

需要注意的是，以上两种方法都比较适用于低年级的学生，不适宜在高年级使用。

常规—奖赏—处罚。这一方法与常规—忽视—奖赏有相同之处，但增加了对学生的限制和对行为结果的控制因素，教师要表扬那些遵守纪律规范的学生，处罚违反课堂纪律的学生。这个方法对于高年级行为问题的学生特别有效。教师表扬的方式可以是多样的，如口头承认、书面表扬（发证书）、物质奖励等。值得注意的是，建立课堂常规时，教师要和学生共同制定对违规行为的处罚方式，让每一名学生都清楚地知道违反常规的后果，自由选择自己的行为，破坏常规也许是他们的权利，但同时也意味着他选择了处罚的后果。

（3）代币制。这是一种常用的行为矫正技术，代币制常用"代币"来激发学生达成教师所期望的行为。如果学生在课堂上表现出教师所期望的行为，教师就给学生一些代币（如贴纸、塑料筹码、自制卡片等），这些代币累积到一定数量就可以换取奖品或特权（如日记本、奖状等）。使用代币制应注意的是保证使用的公正性和持续性，要有足够的代币供应，此外必须设定一段时间，如每隔几周可让学生兑换代币。

◆ 案例

巧设物质奖励[①]

郑州市纬一路小学数学教师葛美尔自费买奖品，对表现好的学生每半个月奖励一次，已经坚持了13年。

铅笔、橡皮、毽子、零食……郑州市纬一路小学二（3）班、二（4）班学

---

① 赵国忠. 透视名师课堂管理：名师课堂管理的66个经典细节. 南京：江苏人民出版社，2007：168. 节选时略有改动。

生如果想到这些,不一定要向父母伸手,只要课堂上表现好,他们每半个月就有可能从数学教师葛美尔那儿拿到。"我曾经得过跳绳、橡皮泥、文具袋、作业本……"二(3)班的卞铮一扳着手指,回忆着自己的"收入"。卞铮一说,作业全对或上课发言积极,就能得到一朵小红花,十朵小红花能换一面小红旗,五面小红旗可以换一样奖品,奖品每半个月发一次,红旗最多的学生还可以优先选择。

在学校,给学生发小红花、小红旗不是新鲜事,但把红花、红旗变成实实在在奖品的不多。葛老师说,这是调皮孩子"逼"出来的招儿。"班额越来越大,光拿嗓子喊那些调皮的孩子不管用。"葛老师说,红花、红旗的办法幼儿园都已经在用了,而红花积累多少也没什么实质差别。小学再用,就有孩子说是"哄他们",但为了能拿到奖品,孩子们还真"买账"。

但葛老师这招让学生乖起来的办法,13年来却始终没在学校推广开。该校党总支书记陈凤芝说:"一方面,拿自家钱给公家办事的做法,不能强求其他教师效仿,但更重要的原因是,一些教师对这种'物质刺激'的方法心存疑虑。"陈凤芝还说,从小就用物质激励孩子,可能会让学生变得急功近利、情绪浮躁。在教学过程中,精神鼓励还是主流,过于频繁和过于物质化的奖励可能会带来负面影响。葛老师精神可嘉,但操作中的"度"不好把握,所以不适合全面推广。

金水区市民张女士的儿子是葛老师的学生,他认为让学生从精神上享受成功,享受尊重才是最重要的。"学生好好学习是应该的,这样都能得到物质奖励,将来他刷个碗或者扫个地都找我要钱怎么办?"

"绝招"受到争议,但"临床疗效"也有目共睹,"班级教师调整,有家长来申请别把葛老师换走,连自己学校的教师,都争着把自己的孩子往葛老师班里送"。学校大队辅导员罗祎璠说。面对争议,葛老师对自己的方法充满信心,"每次发奖,我都说'东西虽小',学生们就会异口同声地接着说'意义很大',学生们都知道奖品和买的不一样,他们认同的其实是一种荣誉感。"

葛老师今年33岁,她20岁时教过的学生,许多已参加工作。上个月,她教过的一名学生黄丽云带了个日记本来看她,说那是上学时葛老师发的奖品,她保存了这么多年,没舍得用……

分析:葛老师通过物质奖励来激发学生的兴趣,葛老师的"度"把握得比较恰当。她用日常的符合学生需要的学习用品来奖励学生,学生取得的进步是家长和教师有目共睹的。教师采用物质奖励表扬学生的良好课堂行为,要注意把握好"度",不能让学生变得急功近利,而是让学生在获得奖励的过程中体会从努力到成功的辛酸与甜蜜，重视奖品带来的精神鼓励。

（4）订立契约。运用契约被认为是在中学阶段有独特效果的方法。运用"订立契约"的方法，要求教师通过契约明确地指出哪些工作或哪些行为必须在什么时候完成，同时契约也要指出，如果学生如期完成工作或者表现良好，教师的奖励是什么。契约的订立能引导一个合法、承诺和责任的气氛。学生和教师在互相同意的前提下在契约上签字，必要时，也可以让家长和学生一同签字。

◆ 小贴士

以口头或书面的形式给学生规定应尽的义务，指出学生在执行或未能执行合同要求的具体行为时，应得的奖励或惩罚，这种方法在一定程度上可以有效地促进课堂管理。

——著名特级教师　宋运来

三、课堂问题行为的处理

课堂问题行为与课堂良好行为相对立，是指学生在课堂中，特别是在上课过程中的各种破坏课堂秩序和纪律，不遵守课堂规则的现象和行为。[①] 课堂问题行为具有普遍性特点，因此，课堂问题行为一直受到学校、教师和社会的关注。课堂问题行为往往影响正常的教学工作，如果处理不当，不仅容易引起学生与教师之间的冲突和课堂纪律的失控，还会影响学生的身心健康，甚至是人格的发展。

（一）课堂问题行为的成因

学生课堂问题行为的原因非常复杂。学生的课堂问题行为主要来源于学生个人因素，但同时也可能是家庭问题行为、社会问题行为的延伸，也可能是受同伴的不良影响，也有可能是受不良的学校规则或教师教学失策的影响。综合起来，学生的问题行为受以下三方面的影响：

1. 学生自身因素[②]

学生自身因素是导致学生课堂问题行为的直接内因，从哲学角度看，任何外因都通过内因起作用。因此，学生的个人因素是课堂问题行为形成的最主要因素，学生自身的心理缺失、生理障碍、性别差异等都是造成课堂问题行为的

---

① 戚业国. 课堂管理与沟通 [M]. 北京：北京师范大学出版社，2005：191.
② 王珠英, 吴烨. 问题行为. 上海：上海教育出版社，2004：4—5.

重要原因。学生方面的因素主要包括以下几点：

（1）厌烦：学生的认知水平存在差异，当学生对教学内容没有兴趣，感到厌烦时，为了寻求刺激，以示不满，有些学生便表现出随便说话、敲打桌子、乱写乱画、注意力涣散等问题行为。

（2）挫折与紧张的发泄：有的学生连遭挫折、面临失败的威胁，形成消极的自我认知，这样的学生表现出怯懦、怀疑、忧虑、心理紧张，紧张感积累到一定程度就导致发泄，从而表现出故意违反课堂纪律、不服从指挥等问题行为。

（3）寻求注意与地位：需要得到他人关注是人的天性，引起他人关注会使自身获得心理满足感。很多学生，尤其是学习成绩落后的学生，为寻求教师和同学的注意，以示自身存在，会表现出发怪声、做鬼脸、大声说话等问题行为。

（4）过度活动：某些学生的过度活动是由脑功能轻微失调造成的，他们的过度活动导致自己无法将注意力集中在课业上，表现出扰乱课堂的行为。需要注意的是，学生的过度活动与儿童多动症不同，表现出多动症的学生则需要就医。

（5）性别差异：实践表明，男生比女生有更多的课堂问题行为，且男生的攻击性要比女生强。

2. 教师因素

（1）精神状态：教师的外在形象、声音语调、精神状况等都影响着学生的学习积极性和课堂行为。教师随便的穿着和消极的精神状态容易导致学生问题行为的发生。

（2）课堂准备：教师要做好备课环节的工作，不充分的准备容易导致课堂中的停顿、不知所措、甚至出现教学失误，这往往会引发集体性的课堂问题行为。

（3）授课方式：教师能否采用合适的教学方法，选取恰当的教学内容，激发学生的学习兴趣，安排合适的课堂教学活动等都能影响到学生的课堂行为。

（4）课堂管理：教师采用什么样的方式管理课堂，是否对违纪学生滥用惩罚，能否体现公平和对学生的尊重，这些都影响着学生的课堂行为。如果课堂管理不当，将会导致课堂问题行为的发生。

◈ 案例

从 一 号 开 始[①]

春天，美丽的校园，鸟语花香，生机勃勃。课堂中的气氛也同样活跃、热烈。原来朱老师正在上数学课。只听他对学生说："在组长的带领下，摆一摆学具，想一想梯形面积是如何推算出来的。"学生在各自组长的带领下，摆着说着，那组长可真有点儿小老师的味道。过了一会儿，朱老师又说："请同学们再在组长的带领下，求下列几组图形的面积。"这时，在教室的角落里响起一个声音："怎么每次都是他们几个当组长，真没劲。"朱老师一听，大叫了起来："张强，你在说什么？你再说一遍！""说就说，我说你偏心，都是他们几个做组长，我们怎么轮不上？""你！"朱老师一下被说得脸红了起来，火气像气温一下升高，愣在讲台上，心想：真是不得了，竟敢在课堂上跟我顶嘴，我要狠狠地教训他一下。正要开口大发雷霆，继而冷静一想，张强的说法也有道理，因为平时以为那几名同学成绩好，能力强，对他们是有些偏爱，总是习惯性地让他们当组长。现在想想，可能由于自己的偏爱，已经伤了很多也想上进学生的自尊心。换个角度说，老师这样不公正，我也会有怨恨的心理。想到这里，朱老师压住火气和蔼地说："对不起，张强你说的有理，是老师做得不合适，从现在开始，我想试行轮换制，每周轮换一次，今天就从每组的一号开始"。"咂！"欢呼声传遍了教室。几个一号小组长上任了，他们兴奋地组织着讨论，表现得像模像样。朱老师发现，在学习中其实这个班还真是人才济济呢！

此案例中，学生与教师"顶嘴"的行为是由教师的"偏心"引起。的确，教师偏向学习成绩好的学生是普遍现象，这一方面伤害了很多成绩一般和成绩较差同学的自尊心（这也是为什么会出现学生按学习成绩选择朋友的现象，学习好的在一起，学习不好的在一起）；另一方面，由于中小学生都希望教师能够关注自己，所以教师的"偏心"也会引发同学间的矛盾，甚至是师生间的矛盾。这为引发学生的课堂问题行为埋下隐患。

3. 学校因素

大量研究表明，学校的组织和管理对学生问题行为的发生具有重要影响，而课堂问题行为通常是学校问题行为的延伸。

（1）学校文化：学校的办学思想、精神面貌、校规校纪、奖惩制度、领导风格、教师态度等都影响着学生对学校和教师的态度，并且会在课堂上表现

[①] 王珠英，吴烨. 问题行为 [M]. 上海：上海教育出版社，2004：32－33.

出来。

（2）课程设置：课程设置是否合适，是否符合学生的兴趣和爱好影响着学生的课堂行为。课程设置不合理，学生感到厌烦，就会出现较多的课堂问题行为。

（3）考试制度：传统选拔性的考试制度会导致大批学生的失败，而考试失败又使大多数学生感到痛苦和无奈，致使在课堂上失去信心和兴趣，从而引发课堂问题行为。

4. 社会与家庭因素

（1）各种新社会现象的失范：随着社会的发展，各种传统社会规范对新社会现象失去规范和调整功能。在师生关系中，体现为"师道尊严"的观念受到冲击，导致学生对教师角色期望及教师对学生角色期望出现错位、不对应现象，由此产生一系列问题行为。

（2）多种社会规范和文化的不协调：我国社会文化正从一元走向多元，各种文化思潮相互激荡，这些矛盾集中到学生身上，便会导致行为规范的冲突，从而引发课堂问题行为。

（3）社会行为规范体系不完整：我国的市场经济体系基本建立，但新的社会规范体系尚未建成，因此，具体行为规范的缺乏而引起的混乱和冲突会导致学生行为的失范。

（4）家庭的教育方式：大量的社会研究表明，家庭问题是导致学生问题行为的重要原因。家庭的教育方式影响学生的各种行为，尤其是学生的课堂行为。部分家庭对孩子的溺爱、娇惯、放纵等，使孩子难以遵守课堂规范和纪律，从而发生课堂问题行为。

（二）课堂问题行为处理的一般模式①

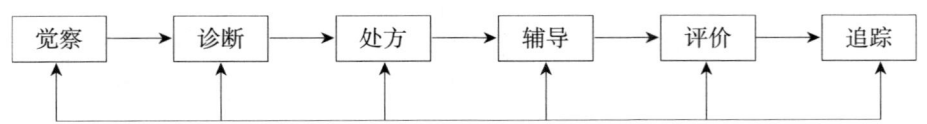

图中的六个部分，处理时按照箭头方向顺序前进，下面的剪头是反馈的路径，用以根据实际情况检查或改进。

1. 觉　察

觉察问题行为是处理的第一步，教师必须对问题行为具有敏感性，及时捕

---

① 吴清山，等. 班级经营 [M]. 台北：心理出版社，1993：377.

捉问题行为。

2. 诊 断

发现问题后,教师要深入了解问题行为,可以采用访问、谈话、测验、观察等发法,发现问题的根源,以便采取措施。

3. 处 方

根据诊断的结果,找出可能有效的处理问题行为的方法,作为辅导依据。

4. 辅 导

选好辅导方法后,利用辅导资源,制定辅导步骤,开始进行辅导。

5. 评 价

对于辅导的效果要及时评价,如发现效果不理想,根据反馈意见检查前面各步骤是否有误,如觉察错误、诊断偏失、处方欠妥、辅导历程不得宜等,如发现问题,立即更改,直到完成辅导目标。

◈ 小贴士

课堂问题行为有效处理的注意事项[①]

1. 教师应避免以下误解:

(1) 以为学生越安静,学习效率越好。

(2) 以为教师的权威是建立在学生对教师的服从上的。

(3) 以为学生的行为即代表学生的品性。

2. 教师应该了解,学生就是学生,不是小大人,不可用成人的行为标准来要求儿童。

3. 教师应该认清真正的问题行为所在。

4. 教师应该确认,处理的对象是学生所表现的行为,而不是学生本身,教师只是不喜欢他的行为,不是不喜欢他这个人。

5. 教师应教导学生知道如何表达他的情绪,尤其要避免压抑,以促进其身心健康。

6. 教师处理问题行为时,固然是以学生的"行为"为对象,行为常常只是问题的表现,教师务必先了解症结所在,才能做有效的处理。

7. 教师在处理问题行为时,应当维护当事人的心理反应,以不伤其自尊为宜,尤其忌讳处理不够周全,原有问题尚未解决,又产生了新的问题。

8. 注意方法的运用,如发现原先使用的方法,经一段时间仍无效果,则应适时转换方法,以免浪费时间,错失辅导的良机。

---

① 吴清山,等. 班级经营[M]. 台北:心理出版社,1993:378.

（三）课堂问题行为的矫正策略

课堂问题行为多种多样，原因错综复杂，因而，处理课堂问题行为的方法也是多元化的。本书前部分所阐述的建立良好课堂行为的策略也可以用来处理课堂问题行为。在这一节中，我们主要介绍处理课堂问题行为的一般策略。教师们可参考以下策略，并针对具体的教学情境矫正学生的问题行为。

1. 一般管理策略[①]

一般管理策略将课堂管理的重点放在教学设计上，认为如果教师的教学活动经过精心设计和良好执行，就可以避免问题行为的发生，并能解决已出现的实际问题。因此，一般管理策略认为，有效的课堂问题行为的避免和良好的课堂管理来源于高质量的教学。具体策略如下：

（1）教师要选择适当的教学内容，具备一定的教学能力

正如前所述，学生表现课堂问题行为的一个重要原因是厌烦。因而，教师对于教学内容的选择和教学过程的设计就要尽量利用和激发学生的兴趣，避免学生出现厌烦情绪。虽然在很多情况下，教学内容是课标和教科书已经规定好的，但教师可以适当地改动教科书，增加一些学生感兴趣、与实际生活联系紧密的内容。而且，教师要增加课堂活动的多样性，为学生确立符合学生实际能力的学习目标。总之，就是要让学生觉得在课堂上有事可做，并且愿意做。这些都要求教师具备较高的教学能力。

（2）建立课堂纪律，给予明确指令

课堂纪律规定是教师初次上课时就应该和学生一起制定并向学生讲明的。课堂纪律建立后，学生也许要经过一段时间才能达到纪律要求，这也需要师生之间的互相磨合。因此，教师在课堂上经常给予明确指令，使学生尽快达到课堂纪律的要求。这对于问题行为的避免和消除都有重要作用。

（3）创设良好的课堂环境

课堂环境包括物理环境和心理环境。物理环境主要指教室环境，心理环境主要指师生的态度和情感。教室是师生开展教学活动的主要场所，教室的整齐清洁、宁静优雅能使师生心情舒畅，精神振奋，而脏乱的教室则使人感到怠倦和厌烦。因而，良好的课堂物理环境也影响着课堂心理环境，且师生的情感和态度对于课堂教学活动的良好开展更具有直接影响。在积极的情感态度下，课堂教学会取得优质效果。因此，教师要积极创设良好的教室环境，培养良好的师生感情。

[①] 杜萍. 有效课堂管理：方法与策略（第2版）. 北京：教育科学出版社，2008：134.

◆ **同行支招**

良好纪律的养成需要安静有序的环境,教师要为学生遵守课堂纪律提供良好的环境。在学生的自习时间,我也会安静地在讲台上看看书,或者批改作业,而不是在地上走动,更不要用这个时间处理班级琐事,即便必须要走动,我也尽量提起脚跟,避免高跟鞋的声音打破教室的安静……①

2. 行为矫正策略

本书前面提到的行为矫正策略是针对培养学生良好行为而提出的几种管理方法,而在本部分,重点介绍矫正问题行为策略的实施步骤,教师在实际课堂教学中,可将两者结合使用。

行为矫正策略是针对学生具体问题行为进行处理的有效策略。该策略主要采用正强化、惩罚、中止和负强化的方法。教师的任务在于积极运用强化手段,鼓励学生表现更多的良好行为,并运用惩罚、中止等手段减少和控制学生问题行为的发生。行为矫正是行为表现出来之后,教师给予强化或控制,以此达到矫正学生问题行为的目的。行为矫正一般包括以下四个步骤:

(1) 准确识别恰当行为和问题行为

教师应清楚界定哪些行为可以在课堂上出现,哪些不可以,这就需要按照课堂纪律的规定来明确学生课堂行为的合理性,最好详细到能够测量问题行为发生的频率,要重点关注发生频率高的问题行为。

(2) 收集关于不当行为的具体情况

一旦确定问题行为,教师要收集表现出问题行为的学生情况,了解问题的严重程度,以便于了解学生表现问题行为的原因和其他因素,便于教师实施矫正计划。

(3) 制定和实施具体的活动计划

在这一步,教师要确定矫正行为的具体方法,如模仿、塑造、代币制、签行为合约、自我控制等。方案一经制定,可马上实施。但在实施过程中,教师应注意行为矫正也许并不能马上减少或消除学生的不良行为,只能减少学生发生问题行为的频率,这是正常现象。

(4) 收集问题行为发生变化的证据

在计划实施过程中,教师要做好记录。将问题行为发生次数的记录,与计划实施前的记录相比较,如果问题行为发生率明显减少,矫正活动就算达到良

---

① 资料由东北师范大学附属小学王琳老师提供。

好效果；如果问题行为没有变化，教师必须尝试其他方法。

3. 善意"忽视"策略

有些学生在课堂上表现出问题行为，多是为了以此引起教师和同学的注意，你越是关注他的行为，便越是强化了他的问题行为。因此，对于这种行为，最佳的办法是"忽视"，当学生出现问题行为时，教师要装作视而不见，而当他表现出良好行为时，教师就立即给予关注和表扬，以达到强化作用。当然，善意"忽视"的问题行为在影响课堂教学的程度上是轻微的，并不适用于处理那些严重扰乱课堂秩序的行为。善意"忽视"策略要求教师做到以下两点：

（1）课上：善意忽视、置之不理

当学生在课堂上"捣乱"时，教师要意识到他是为了引起你和同学们的注意，希望自己被重视。如果教师关注或训斥他，则加强了他表现该行为的动机，如处理不当，甚至会引起师生间关系的僵化。因此，教师遇到此类事情，既不要找班主任，也不要找家长，不要在课堂上与他"硬碰硬"，最好是视而不见、听而不闻。这样，没有"看戏"的人，他就不会再"演戏"了。

◆ **同行支招**

你要宽容地看待课上的一些恶作剧事件。首先，你不认为那是恶作剧，那就好办了，如果你认为那是恶作剧，往往使矛盾更激化、更升级了，所以我感觉有些时候，就要淡化处理。①

（2）课下：敞开心扉、真诚交流

在课上要冷处理，课下要热处理。下课后，教师要主动寻找机会与学生倾心交谈。教师在交谈时要注意，不要直奔主题，马上批评其在课堂上的表现。这样会使学生产生对立情绪，使交谈陷入僵局。教师可采用拉家常的方式，询问其生活情况、兴趣爱好等，并适当对学生的兴趣爱好等给予认可。同时，教师也可适当向学生说说自身的情况，甚至不怕"暴露"自己的缺点，把真实的"我"展现在学生面前。真诚沟通，赢得学生的理解与尊重。这时，教师再提及他在课堂上"捣乱"的事，指出其害处，学生才能听得进去。

总之，教师要想处理好学生在课堂上的不良行为表现，不仅要在课堂上下工夫，更需要在课下做工作。学生不良课堂行为的形成也不是一蹴而就的，因此，教师对于学生课堂不良行为的处理不能过于急躁，要慢慢引导。此外，对于有些课堂问题行为，还需要教师"机智"地处理。

---

① 资料由东北师范大学附属小学王艳斌老师提供，李晶整理。

◈ **小贴士**

课堂管理功夫在课外

东坡先生云：博观而约取，厚积而薄发。确实，教师们只有重视"课外"功夫的积累，时时注意自己知识的"厚积"，对有利于教育教学工作的学问处处留心，兼收并蓄，才能得心应手地做好课堂管理工作。

——著名特级教师　杨一青

【思考与活动】

1. 王老师是刚刚参加工作的新教师，他对管理课堂没有经验，不知道如何才能维护好自己的课堂秩序，他该怎么办呢？

2. 李老师已经向学生讲明了他的课堂纪律要求，可是李老师说课堂纪律还是不好，好像有学生专门跟他作对似的，你觉得问题可能出在哪儿呢？

3. 在张老师的课上，小力总是不认真听讲，还经常和同桌说话，如果你是张老师，你会怎么办？

# 第四章　机智处理课堂偶然事件

当教师带着饱满的情绪在讲台上眉飞色舞地讲课时，当同学们聚精会神地关注着教师所讲的内容时，当课堂气氛达到一个又一个高潮时，突然由于某些意外事件的出现而打破所有的教学过程，这是教师们常见的课堂情景，在处理这些课堂偶发事件过程中，教学机智就显得尤为重要。在本章，我们将讨论课堂偶发事件是怎样分类的，课堂偶发事件的处理原则和方法又是什么，如何运用教学机智解决课堂偶发事件等问题。

【学习要求】
1. 如何将课堂偶发事件进行分类？
2. 处理偶发事件的原则和方法是什么？
3. 什么是教学机智以及机智又是怎样体现的？

一、教学机智的含义与意义

（一）教学机智的含义

1. 机智的含义

所谓机智就是头脑思维灵活，善于随机应变。从构词上看，它是由机敏和明智两个词组合而成的，包含了两方面的意思，当处理事情时能保证时间上的迅速和处理方式的正确。外国的《韦氏大辞典》将机智定义为：一种对言行的敏锐感，以及与他人保持良好的关系或避免触犯别人，这里的机智重点是强调自身的"小心翼翼"，对人际关系的处理中渗透着一定的技巧和规范。而将机智和充满机智的概念引入到教育议题中的是德国教育家赫尔巴特，1802年，他在首次关于教育的讲演中说，"关于你究竟是一名优秀的教育者还是拙劣的教育者的这个问题非常简单；你是否发展了一种机智感（a sense of tact）呢？"从此以后将机智与教育教学相联系，使人们的研究视角又扩大到教育教学中，研究它在特定的情境下有什么表现。美国心理学家威廉·詹姆斯对于机智是这样认为的："为了达到这一结果，我们必须具有额外的天赋，一种愉悦的机智和天赋，来告诉我们在孩子面前说什么样的话，做什么样的事。那种对于具体的情境而出现的机智是心理学一点也帮不上忙的，尽管它们是教师艺术的最基本的知识。"① 笔者对于机智的定义认为比较准确的是在具体的情境中，主体作出的敏捷的行为和正确的判断都符合当下情境。

2. 教学机智的含义

教学机智在《教育大辞典》中被定义为："教师面临复杂教学情况时所表现的一种敏捷、迅速、准确的判断能力。"②

赵正铭定教授定义教学机智为："教学机智是教师的一种特殊能力，是教师善于观察分析和处理课堂突发问题的一种应变才能，是教师高度责任感和智慧水平的结晶，是一种高超的教学艺术。"③

王北生教授认为："教学机智是教师在教学过程中机敏而灵活地教育学生，随机应变地解决课堂教学过程中出现的各类偶发事件，以保证课堂教学顺利进行的一种能力。"④

还有学者吴荣山认为："教学机智属于优秀教师的个性化行为，是在教学过程中，教师面对千变万化的教学情景保持心理平衡，快速地随机应变地作出判断和处理，合理调控和驾驭课堂的特殊能力。"⑤

上述学者普遍认为教学机智是一种能力，对于教学机智的"能力说"与传统教学中对于教学机智的认识相吻合，在传统教学中，教学机智的内涵被视为教师对突发性教育情境作出迅速、恰当处理的随机应变能力。这种认识有一定的准确性，但是更倾向认为教学机智只是为了应付教学中的意外和不测，能力具有稳定性，而教学机智不具备稳定性，它会随着教学场景、教学对象、教学内容的不同而不同。随着知识水平的发展和教育改革的深化，在教师专业化的时代，教学机智不仅限于教师对突发性教育情境作出迅速、恰当处理的随机应变能力，并且赋予了新的涵义。有些学者认为："教学机智不只是教师灵活、恰当地处理课堂突发事件时所表现出来的一种临场智慧和能力，也是教师在具体的教学过程中，依据不同的教学内容、对象、情境等，将不协调的教学因素

---

① William James. Talks to Teachers on Psychology. New York：Dover Publications，1962：29.
② 教育大辞典编纂委员会. 教育大辞典 [Z]. 上海：上海教育出版社，1990：181.
③ 赵正铭. 略论课堂教学机智 [J]. 中国教育学刊，2002（6）.
④ 王北生. 教学艺术论 [M]. 开封：河南大学出版社，1989.
⑤ 吴荣山. 课堂出彩与教师教学机智 [J]. 上海教育科研，2005（2）.

进行巧妙灵活的调控，以取得最佳的教学效果的机敏与睿智。"[1] 这样对教学机智的认识就超出了能力方面，将它的范围有所扩展。笔者认为教学机智不仅是对课堂突发事件处理时所体现的一种能力和智慧，也是能够及时利用课堂生成的动态资源对教学环节进行调整以达到有效教学的一种机敏与睿智，它在整个教学过程中都需要。

（二）教学机智的意义

1. 体现了课程改革的要求

在基础教育课程改革的背景下，教学观念也会发生深刻的变革，因为教学机智不仅是教师教学能力和教学智慧的问题，教学观念对它的作用也不能忽视，因为教学观念不仅影响教师对教学情境的认知水平与情感态度，也影响着教师对教学机智的选择与运用。教师是新课程改革的实践者，课程改革对教师提出了挑战，新课标对教学目标、教学评价、教学管理、教学内容、教学方式等提出了明确要求。教师应改变以往不全面或是错误的观念来适应新的改革，要更新教育理念，深化教育知识，提高教育能力，具备一定的教学机智。随着课程改革的深入，教学内容与结构有了调整，教学目标有了更新，教学重心也得到转移，人们传统观念中的教学机智已经无法适应新课程改革的需要，也无法在教学实践中发挥其原有的作用，这就需要对教学机智进行重新检视，努力达到对教学机智的提升与优化、拓展与超越，以适应并满足新课程对教学创新的迫切需要。

2. 丰富了完整的教学活动

课堂教学是一个动态生成的过程，尽管教师在课前作了精心的设计和准备，但在具体的课堂教学中，还会出现与教学无关的事情，涌现出学生各种各样的反映，产生始料未及的信息，所以教学不是一系列技术的、固定的、设计好的活动，而是一种创造性、即兴的活动。完整的教学活动并不"反感"偶然性事件，一定程度上，它还需要这些随机的事件。因为有了教学机智，更能够有效地利用课堂上生成的教学资源，提高教学效率，增强教学效果。在具体的教学活动中，教学机智有助于生成新的教学目标、教学内容、教学方式，这在一定程度上完整了教学活动。在课堂上，会产生大量的教学契机，有教学机智的教师善于抓住这个契机不断确定和形成新的教学目标，从而促进学生的发展。课堂中的教学内容也具有很大的不确定性，虽然教师在备课的时候对文本有一定的理解，形成了预备性的教学内容，但实际讲课过程中，由于受很多因

---

[1] 张丽萍，陈灿. 论教师的教学机智及其培养 [J]. 师资建设，2008（7）.

素的影响以及教师的临时发挥，教学内容很多都不是原来准备的，会有新的教学内容的生成。由于教学方式方法一般都受教学内容的影响，所以选择什么样的教学内容就有相应的教学方法与之适应，如果教学内容是临时生成的，那么教学方法也会随之生成，生成的教学内容运用生成的教学方法才会显得得当，才会达到良好的教学效果，所以拥有了教学机智，会使完整的教学活动更加丰富。

3. 有助于教师专业化发展

教师专业化的重要性早在 1996 年在日内瓦召开的联合国教科文组织第 45 届国际教育大会上就有所涉及，会议提出"在提高教师地位的整体政策中，专业化是最有前途的中长期策略"。但在具体教学实践中忽视教师专业化的倾向仍然存在，加之传统上对教师的定位是知识的传递者，教学内容的执行者，导致教师在专业化发展上受到阻碍。但随着新型教师角色的提出，教师成为行动研究者或反思性实践家等，为教师专业发展提供了理论和实践依据，这就进一步促进了教师的专业发展。教师的专业发展不是仅靠个人的想象就可以的，它脱离不了教学实践，脱离不了和教育对象的相互作用，因为教学对象的特殊性，使教师的专业发展具有独特性。由于学生是处于不断变化发展的过程中，而且教学情境中不仅具有不确定性和实用性，还牵扯道德价值判断的活动，这不仅是熟练的教师专业技能就能达到的，还需要教师的行为智慧。所以说"真正意义上的教师专业发展不是基于行为主义基础之上的教师能力的本位发展，而是基于认知情境理论的'实践智慧'的发展"[①]。教学实践是教师专业发展的基础，教师只有把机智融入到教学中，留心观察学生，注意生成的教学资源，才能促进教师的专业发展。

4. 实现了教师对生命质量的追求

传统的教育强调教师在教育活动中的地位，这增加了教师的社会责任和道义责任，我们"对教师职业角色进行片面、静止的研究，而忽视了教师在职业生涯中个体生命的意义，忽视了教师在教育过程中生命本质和高级需要的满足，忽视了教师是一个情感丰富、蕴藏着巨大生命活力和个性魅力的人"[②]。长期以来，教师在学校工作中，为学校各项事物，为学生学习成绩、学习效果，为班级个人评比、获奖等事物所操劳，而教师的生存状态和生存质量却没有被重视。如果教师少了这些琐事，会更有助于提升生命质量。如果教师不受许多事情的制约，不是以一种履行义务的心态去工作，而是把工作当做一种乐

---

① 钟启泉．"教师专业化"的误区及其批判 [J]．教育发展研究，200（4）．
② 李定仁，赵昌木．教师及其成长研究：回顾与前瞻 [J]．教育理论与实践，2003（6）．

趣，发自内心地热爱学生，喜欢教育事业，会全身心地投入到教学和育人这项工作中，力求为学生谋求更大的幸福。面对生成的、有价值的教育资源，教师要适时地抓住教育时机，能够对学生提出的问题进行正确的价值判断，凭借教学机智应对生成的问题。这种应变是事先没有想到和预测的，例如在课堂上有同学吵架，有小鸟飞过，有学生提出与课堂教学无关的问题，这些都需要教师作出及时的解决，教师的教学机智就体现在对不确定性和不可预测的教学情境作出解释和处理。

二、课堂偶发事件分类及分析

（一）课堂偶发事件的内涵

课堂教学是一个动态生成的过程，过程中充满各种预设之外的活动。无论教师课前怎样精心设计和准备，在具体实施过程中总是充满着意想不到的变数。对课堂偶发事件的定位和分析处理，最能反映教师的临场应变能力与教学机智。

就教育教学本身的规律性讲，任何一门课程的课堂教学都是一个复杂多变的动态过程，任何一名教师都难免在课堂教学中遇到种种事前无法预料的"偶发事件"。对此，教师如果处理不当，不仅会影响课堂气氛和教学秩序，还会损害教师形象和教学声誉，干扰和妨碍教学目的的实现。因此，如何巧妙、机智、恰当地处理好课堂偶发事件，就成了教师搞好教学工作一项必备的基本功。[①]

美国教育学家和心理学家布卢姆曾说："人们无法预料教学所产生效果的全部范围。没有预料不到的成果，教学也就成为不了一种艺术。"[②] 这门艺术孕育着各种挑战，教师在尝试教学的同时也是在掌握一门学问，即处理偶发事件的学问。对于偶发事件的定义是多种多样的，本书选取了一些有代表性的列举如下：

偶发事件是指在教育的过程中发生的事先难以预料、出现频率较低，但是必须迅速作出反应，加以特殊处理的事件。偶发事件的成因主要是由于学生性格异常、感情障碍、人际冲突、不良道德行为、天灾人祸、外来干扰等。偶发

[①] 向红静. 处理课堂偶发事件的五巧 [J]. 科学研究, 2009 (8).
[②] 李子平, 冯辉梅. 浅谈课堂偶发事件的有效调控 [J]. 教师, 2009 (5).

事件是教师最头痛的事，处理偶发事件是对教师教育教学工作的考验。①

课堂偶发事件是指在教学过程中，教师始料不及，由学生、教师或环境因素诱发的，背离课堂教学目标，导致学生注意力分散，妨碍教学任务完成，甚至引起师生严重冲突，酿成责任事故的事件。②

课堂突发事件主要是指出乎意料地发生在课堂教学过程中，与课堂教学没有直接因果关系的突然性事件，它完全属于教师教学计划外的事情。比如不速之客人或物进入课堂，学生提出敏感性话题，上课发生纠纷，等等。类似这些课堂突发事件，会打断教师的思路，扰乱正常的教学秩序，引发课堂混乱。③

课堂偶发事件是指与课堂教学目的、教学计划无关而出乎教师意料之外突然发生的、直接影响和干扰课堂教学过程的无关刺激事件。④

无论是哪种定义，我们都可以看出一些共性，即：偶发事件是突然发生的，意料之外的；不是经常的，具有非固定性；它干扰和破坏了正常的教学秩序；处理是否得当，将会带来积极和消极的两种不同结果。因此，在处理偶发事件时，更多地体现出一种艺术性，考察教师的多方面素养。

（二）课堂偶发事件的分类

从产生偶发事件的主体来看，大致有三类：学生、教师以及外界环境。因此影响因素从这个角度就可以归纳为学生个体因素，教师自身因素以及外界环境干扰。

从学生的角度来看，又可以分为恶性行为和良性行为。恶性行为是指学生在课堂上突然出现的不良行为。例如：轻则溜号，传纸条，交头接耳，搞小动作；重则打架，斗殴。所谓良性行为是指教师在课堂上碰到的疑难问题，一时间难以解决，这种问题一般都是超出教师预设的，教师在备课中没有想到的问题，和学生的心理年龄特点、好奇心和发散性思维紧密相关。具体可以分为以下几种类型：

1. 分心型

在课堂上，由于某些学生不注意听讲，或者由于教师讲的时间过长，学生听得倦怠，或者由于学生自制能力差；教师在台上讲，学生在下边打瞌睡，做小动作，这时教师若提问，他们往往会答非所问，甚至引起其他同学的哄堂

---

① 张志伟，郝跃军. 课堂偶发事件处理的艺术 [J]. 新课程（教育学术）. 2010（6）.
② 王庆江. 如何处理课堂偶发事件 [J]. 卫生职业教育. 2005（23）：5.
③ 林涛. 关于课堂突发事件处理的启示 [J]. 石油教育，1999（8）.
④ 李自章. 处理课堂偶发事件的艺术 [J]. 教学与管理：中学版. 2003（2）.

大笑。

2. 出风头型

一个班几十名学生，难免有几个爱出头的。如果平时这个班纪律性一直不强，那么这几个爱出风头的人往往会向教师发难，他们或在教师讲课时，故意提出一些不该提的问题，有意为难教师，或在回答问题时，风马牛不相及，或者与同学打闹、嬉戏。

3. 恶作剧型

有的学生对教师的某些做法不满或抱有成见，便在课堂上故意发难。也有极个别学生在课堂上故意捣乱，这样产生的偶发事件就属于恶作剧型，如上课时，学生顶撞教师，导致中途停课等。

4. 纠纷型

班级中常常出现这样的情形，教师在认真上课，下边的学生也大多在专心听课，突然同座或相邻的两名同学争执起来，轻者发生口角，重者你推我拉，互不相让，甚至大打出手，学生之间的矛盾激化。

5. 特殊型

特殊性的偶发事件是指如伤害人身但不严重还没有触犯刑律，学生课间的打架殴斗，离家出走，严重违反社会秩序和纪律，早恋引起的不良事件，财物失窃，小偷小摸，厌学辍学，学生离家出走，自杀，身体疾病，意外受伤，天灾人祸等紧急事件。

教师自身因素多指在课堂出现的讲解错误、板书错误或者实验过程中的失误以及教师无意中忽略的某些细节性问题等。例如：教师由于备课不充分导致教学内容、知识点上的错误或者讲解不到位；由于教师口齿不清楚，表达能力不强引起的学生学习上的困扰；教师在进行化学实验演示过程中，由于细节疏忽导致实验结果与预设大相径庭，类似这样的错误难免引发课堂的骚动；上课前教师衣服的纽扣扣错了位置，或者教师在讲课时眼镜脱落，或者在讲课时踩空了讲台；等等。

课堂教学不是封闭的，与外界有着千丝万缕的关系。因此，不可能完全隔断来自外界的干扰。外界因素引发偶然事件的例子也是举不胜举。例如：一位小学四年级教师在讲质数和合数时，窗外就传来了拖拉机"轰隆隆、轰隆隆"的声音，干扰了课堂；正在使用的录音机发生故障；教师在上课时，课堂突然飞进来一位"不速之客"麻雀，分散或者转移了学生的注意力，调皮的学生谈论起麻雀，吸引同学们的注意力。

当然，突发事件的形成原因往往比较复杂，可能由单一因素构成，也可能由两个或两个以上因素共同构成。教师在面对突发事件的时候，首先需要做到的是迅速准确地对事件予以辨别分类，才能在处理过程中选择恰当的应对措施。课堂突发事件的归因分类，旨在通过对课堂构成因素的辨析，分析突发事件的主要促发因素，以利于教师在面对事情的时候理性分析，理顺各种因素，根据促成突发事件的原因不同分别处理。

课堂教学处于一个特殊的动态发展过程中，上述因素无论是主观的还是客观的，都有意无意地干扰了正常的教学秩序，或多或少地转移了大家的注意力，教师在这个过程中如何处理复杂的课堂，巧妙地从各种教学意外中引入教学主题，能够体现出教师高度的教学机智，同时也为教师发挥聪明才智，增长才干，树立威信和塑造良好形象提供了机会。

（三）课堂偶发事件的原因分析

国外对偶发事件有许多研究，最有名的是美国 M. 康曼迪领导的"和解咨询公司"（CPI）每年为教师提供四类培训研讨课程（如"以尊重方式解决语言失范"、"课堂调解技术的性别差异"、"调解技术的变通使用"、"迅速冷却混乱、激动局面的措辞艺术"等）。康曼迪认为，学生对教师的知觉印象决定学生在课堂上的表现，教师言谈中自然流露的尊重使学生感到安定放心，同时也使其对教师充满崇敬之情，加上对教师教学水平感到满意，这就构成了教师作为课堂行为调控者赖以建立和维持威信的基础。[1]

课堂偶然事件是每位教师在教学过程中都可能遇到的，特别是在班风较差、学习风气不浓的班级。课堂教学是一个动态过程，因此课堂偶然事件的影响因素也是多种多样的。偶发事件要求教师在很短的时间内恰当地处理，否则不但会影响课堂教学秩序，浪费大量的课堂时间，而且容易损害教师的威信。处理偶然事件是对教师教育教学工作的考验，更是对教师教育教学能力和教学机智的一种考验。

三、处理课堂偶然事件的原则与方法

课堂教学不仅是一个师生共同参与的双边活动，而且是一个非常复杂和动态的过程，由于教学的主体是学生，他们在各自的思想、情感、意志的支配下，在课堂上必然有不同的表现，有时还会出现教师预料不到的偶发事件。教师不可能预料到课堂全部的偶发情况，预先设计的教案不可能覆盖所有具体的

---

[1] 刘义军. 课堂偶发事件的调控对策 [J]. 中小学教师培训，2000（8）.

解决方法和策略步骤。所以,对于课堂教学中的"节外生枝",教师应豁达、宽容地面对,冷静、智慧地处理。①

如何巧妙地处理课堂偶发事件不仅是一门学问,更是一种艺术,良好的课堂秩序和环境,融洽的师生氛围是正常教学进行的重要保证,因此如何在短时间内机智、恰当地处理偶发事件是值得教育工作者深思和探索的。

(一)处理课堂偶发事件的原则

处理偶发事件的基本原则是:尽可能少占用课堂教学时间,以维持正常教学活动的进行,尽可能从学生的角度出发考虑问题,教师要学会换位思考,尽可能在课堂上"冷处理",课后再做耐心调节。课堂偶发事件的处理必须建立在教师对学生理解和尊重的基础上。笔者在大量的教学实践中,总结出以下几种教学原则:

1. 及时性原则

处理课堂偶发事件必须把握好"度",即在有效的时间内既解决问题又不耽搁时间,不能影响正常的教学任务的完成,不能脱离课堂教学目的,不中断教学进程。因此,教师应力求做到:一要尽力缩短处理问题的时间,把偶发事件的影响控制在最小范围内,不使其扩大和蔓延;二要尽量限制或减少偶发事件的消极影响,尽可能不影响更多人,不影响正常的教学进程;三要点到为止,不要陷入无休止的纠缠,要分清主要和次要,及时有效地安排教学任务;四是恰当地运用教学机智,抓住有利时机,争取用最短的时间获得最佳的效果。

2. 启发性原则

启发性原则是指教师最大限度地调动学生学习的积极性和自觉性,激发学生的创造性思维,在处理偶发事件时既能把握课堂,同时又能发散思维,变消极为积极,变不利为有利。

课堂中有些偶发事件,表面上看干扰了课堂教学,破坏了课堂纪律,影响了教学进程,打断了教师的教学思路,但其中往往潜藏着一些值得利用的教育因素,这就需要教师充分认识和挖掘事件背后的意义与价值,化消极为积极,变不利为有利,把它当成一种鲜活的教育教学资源予以重视。把处理偶发事件变成拓宽学生视野,提高学生认识,激发学生情趣,磨炼学生意志,培养学生创新思维以及教育大多数学生的一次机会,变成推动教学向纵横延伸拓展的一个新契机。如果能机智地加以处理,不仅解决了偶发事件,同时又提高了课堂

---

① 李子平,冯辉梅. 浅谈课堂偶发事件的有效调控 [J]. 教师,2009 (5).

教学的质量和效益。

3. 教育性原则

在处理课堂偶发事件时，教师应及时处理，尽量消除负面影响，给予正确的导向，使学生吸取教训，从而形成积极的班风。教师要坚持正面教育，因势利导。遇到课堂偶发事件时，教师要根据学生特点，结合教学实际，要诱导攻心而不要简单粗暴；要心悦诚服而不要强迫服从。这就要求教师遇到偶发事件时要动之以情，规之以矩，导之以行，因势利导，启发自省。教师要意识到处理偶发事件的目的是为了将事情解决，并使学生能够从中受到教育甚至是学到知识，可以灵活地将偶发事件转化为自己的教学素材，使学生的注意力自然地从突发事件本身转移到学习和课堂中，并受到教育。

4. 公平性原则

处理偶发事件，教师必须坚持实事求是的态度，做到公平、民主及客观。"公平"要求教师从事实出发，不偏不倚，不歧视"差生"，不抱成见和偏见。"民主"主要表现在当教师与学生发生冲突时，教师应该在尊重学生的基础上进行协调，注重人格上的平等。"客观"是指教师在处理问题时，要充分了解事件发生的情境及原因，不武断，不主观臆断，照顾到学生自身的感受。

5. 情境性原则

要在班级和课堂中维护安定有序的环境，一名教师必须有足够的"锦囊妙计"去应对课堂上可能发生的各种偶发事件。但是任何具体的方法和技术都不可能"今天适用明天仍适用"，"放之四海而皆准"，必须注意在具体的方法和技能中抽象出一般的原则和方法，再根据实际情境，将这些原则和方法运用到实践中去解决问题。教师教育教学的成功在于每一堂课都在创造教学的艺术，而不是对知识的简单陈述。对于偶发事件的处理，教师更要注意各种偶发事件的情境性，做到具体问题具体分析，妥善处理各种事件，维护好课堂秩序和教学的正常进行。

6. 艺术性原则

学生在课堂上犯错误，教师要根据学生的个别差异，选择恰当的教育方法。有的教师在处理突发事件时不能冷静理智地面对学生，对学生大声斥责、挖苦、指责，这样容易破坏师生关系，加剧师生之间的鸿沟，使学生对教师产生敌对情绪，甚至厌学。教师应将批评化为善意的提醒与劝导，把批评融入幽默风趣的劝导中。充满包容理解的批评和劝导方式尊重了学生的人格，真正地体现了以人为本的教育理念，不但没有伤害学生，还给学生留足了面子，使学生在轻松愉快的氛围中意识到自己的错误，并乐于积极改正。

（二）处理课堂偶发事件的几种方法

苏霍姆林斯基说："教育的技巧并不在于能预见到课堂上的所有细节，而在于根据当时的具体情况，巧妙地在学生不知不觉中作出相应的变动。"教师在教学过程中，针对突发事件，应具备灵活自如化解难题的能力，要善于具体问题具体分析，及时决策，正确引导，因势利导，化不利因素为有利因素。笔者在大量的教育实践中，总结出以下几种方法：

1. 以变应变法

当课堂教学超出原来的设想，突然出现意料不到的情况，且影响正常的教学时，教师要沉着冷静，不要一味地强调"同学们注意听讲"，"强制"学生的注意力回到课堂，可以以变应变，善于利用这种偶发事件中蕴涵的课程资源教育引导学生，让学生的注意力主动回到课堂中，同时也能够及时处理好这种偶发事件，避免影响后续的课堂教学。上海著名特级教师于漪老师的一次课上，几只蝴蝶飞进了教室，吸引了学生的注意力。于漪老师是这样处理的：她首先让学生把蝴蝶赶走，然后让学生以蝴蝶飞进教室为题打一词牌名，当学生们苦思冥想不得其解时，于漪老师给出了答案："'蝶恋花'啊，因为你们都是祖国的花朵！"在学生们一片会意的笑声中，于漪老师又开始讲课。

2. 冷却处理法

讲授正在进行时，对轻微的违纪或偶发事件，如果教师当即训斥或批评学生，就会造成"一人得病，全体吃药"的情况，学生们的注意力被完全转移，使课堂偏离教学中心。被训斥的学生自尊心也会受到伤害，影响师生关系。所以，对于这种情况，教师不妨对偶发事件暂时搁置，不做处理，仍按原计划进行教学活动，等到课后处理，这样既能够完成计划的教学任务，也能很好地处理事件。

◆ **案例**

教师的冷淡[①]

一天进到教室，发现教室里一片混乱，原来是小王与同学打架了，小王脾气比较倔强，平时做错了事即使认识到自己错了，也不承认。看着这种情景，我没找小王谈话，而是从其他同学那了解了一些情况，马上要上课了，我从小王同学旁边经过的时候，小王叫住了我，"老师，我……"，"马上要上课了，有什么事情下课再说吧！"刚下课，他就过来找我，"老师，你上课前为什么不

---

① 此案例由东北师范大学附属小学谭慧老师提供，李利鑫整理.

找我谈话?"

"老师看你当时很生气,想让你冷静一下再找你谈,老师不想在你生气的时候跟你谈,只有在心平气和的时候才能解决问题。你现在想想你做的这件事情对不对?"

"老师我知道今天这件事情是我做得不对。"

"老师很高兴你能认识到自己的错误,这件事你准备怎么做?"随后我让X同学想想怎么处理这件事,并给他出主意。

这个案例中,小王知道自己做错了,但就是不愿意承认,这和他的脾气分不开,他就是比较倔强,有时爱要面子,即使错了也不会觉得错。对于这种情况你要是让他承认错误或许他的倔脾气就来劲了,根本不会承认,这样反倒是让人觉得这孩子没救了,但采取冷处理的方法,先不理他,该做什么就做什么,这样反而会让他觉得这次真的是自己错了,会有一个认真反省自己的过程,当他充分认识到自己的错误时就会像老师承认错误了,这时再对他加以鼓励和引导不失为一种好的方法。

3. 幽默带过法

课堂上有些偶发事件使教师处于窘境,进退两难,这时如果任事态发展下去,正常的教学活动就无法进行,学生们的注意力将会集中到偶发事件上,教学不能取得预期效果,不理睬又损害教师威信。在这种情况下,教师可采用幽默风趣的语言和方法,化解尴尬,暂时让自己摆脱窘境。

◆ 案例

幽默的"谎言"①

一天,在某中学的语文课堂上,教师发现一名女同学没有认真听课,而是在埋头写些什么。教师走过去将她写的东西收起来一看,原来是写给一名男生的纸条。看着上面情意朦胧而又稚气未脱的话,教师忍不住笑了。这一笑激起了全班同学的好奇心,全班学生的目光都聚焦在教师和女生的身上。

几个调皮的男生大声喊:"老师,念出来。"写纸条的女同学低埋着头,满脸涨得通红,神色绝望,仿佛一只待宰的羔羊。"老师读一读,让我们听听写的是什么。"全班同学都好奇地期待着。女生的眼中噙满了泪水,头埋得更低了,双手按在了信上面。

男教师进退两难,既而朗声说道:"你们真想知道?"学生一致点头,"其实是两句再普通不过的话。"教师随即打开纸条,大声念道:"听语文老师的

---

① 张志伟,郝跃军. 课堂偶发事件处理的艺术 [J]. 新课程:教育学术,2010 (6).

话，做一个好学生！"班里轰的一片笑声。男老师简直是"信口雌黄、无中生有"！"我背诵得怎么样？一字不差吧！我相信自己的记忆力，对优美的文章绝对过目不忘！"那名女同学已热泪盈眶，大大地舒了一口气，感激地点点头。课后，她给老师一张纸条，很快跑开了。纸条上写着："老师，你是我见过的最聪明最美丽的老师，我一定会记住您对我的期望：听老师的话，做一个您喜欢的好学生！"

4. 因势利导法

所谓"势"是指事情发展所表现出来的趋向。处理偶发事件时，要注意发现和挖掘事件本身所表现出来的积极意义，然后或顺势把学生引向正路，或逆势把学生拉回正轨。学生在上课时，往往会把由自己生活经验或见闻所引发的情绪带到课堂上来，如果不因势利导，正确处理，就会影响整个课堂教学气氛，使学生对知识的理解出现偏差。因此教师要运用自己的教学智慧和技巧，将学生们的思维迁移回正常的教学轨道。

◆ 案例

一位教师在讲授《陌上桑》一文时，组织学生讨论："这么多人见到罗敷后都不约而同地停住了脚步去'观罗敷'，这说明了什么呢？""好色！"一名学生洋洋自得地说。班里一下沸腾起来了，还有几个"不怀好意"的学生起哄。短暂的停顿后，老师在黑板上写下"好色"两字，并在"好"下面加了着重号。然后让学生们给它注音、组词，接着问："通过刚才那段文字，大家能否用一个词概括罗敷的特点？""好看"、"美丽"、"漂亮"、"酷"……同学们争先恐后地回答。"是啊，爱美之心，人皆有之。刚才那段文字中的青年人、老年人、耕者都不约而同地停下来观赏罗敷，是因为罗敷太美了。同学们再想想，他们的这种心理能否用'好色'一词来形容呢？""不能，因为好色是指心怀邪念的男子沉溺于情欲，贪恋女色，而爱美则是对美好事物的欣赏、钦佩。"①

在这里，教师没有回避学生的"异口异声"，更没有简单地批评训斥，而是以一种开放的心态接纳了，并顺着学生的思路展开教学，将问题引向纵深，从而化被动为主动，在自然而然中对学生的认识进行了修正与提升。

5. 虚心宽容法

虚心宽容是处理课堂偶发事件的心理基础，宽容在处理偶发事件中的作用是极富艺术性的，宽容不是软弱无能，不是无原则的迁就，教师要使学生在心

---

① 李子平，冯辉梅. 浅谈课堂偶发事件的有效调控 [J]. 教师，2009（5）.

灵深处反省，要使学生体会到教师的仁厚和良苦用心，应给予学生更多的爱心和理解，促使学生自我反省、自我教育。

◆ 案例

上海市一位姓袁的班主任，第一次走进课堂就面临严峻的"挑战"，她刚走上讲台，全班学生便前仰后合地哄堂大笑。袁老师巡视教室，只见黑板上画着一碗热气腾腾的酒酿圆子（丸子），旁边还有密密麻麻的小字。原来，因为老师姓袁，人又长得较胖，学生便恶作剧地给她取了绰号。袁老师的脸一下子涨得通红，正待发作，理智却提醒她：教师的威信、尊严不能用训斥、压服来维护！就在这短短的一瞬间，袁老师平静下来，她泰然自若地扫视全班学生一眼，不声不响地拿起黑板擦，慢慢地擦着黑板上的字、画，一分钟、二分钟……学生的笑声停止了，他们很想知道老师如何处理这场乱子，以期待、好奇的目光盯着老师。袁老师擦完黑板，转过身微微一笑，诚恳地自我介绍："同学们，我姓袁，我一定会尽我最大的努力教育好你们，欢迎你们对我提出意见。"接着袁老师开始绘声绘色地讲课。教室里静得出奇，同学们眼里流露出歉意，但袁老师再也没提这件事。事后，那位画"酒酿圆子"的学生主动找老师认错，袁老师在全班学生中树立了很高的威信。①

面对这一偶发事件，袁老师表现出了高度的师德修养，她的豁达胸怀和宽容态度给学生的震动是不难想象的。这一事件处理得出人意料的圆满，我们不能不为这位老师高超的处理问题能力所折服。

6. 共同探究法

在课堂教学中，教师出现错误是难免的，出现这种情况，如果教师过度紧张，没有顺利化解，就会有损教师威信，如实承认自己的错误，不失为一种最直接的化解方法，但在适宜的情况下，可采用师生共同探讨的方法，这样既让学生们加深了对知识的理解，也化解了教师自身的"尴尬"，能够收到更好的教学效果。

◆ 案例

一位教师利用发现法教《圆的面积》，让学生拼摆事先准备好的学习材料，有的学生把圆拼成了梯形、三角形……照理说，无论是拼成长方形、平行四边形、还是拼成梯形，都能顺利地推出圆的面积。但是，由三角形推导圆面积的公式时出现了误差，竟推导出：$S=r$。教师意识到讲错了，可复查推导过程，

---

① 徐静. 笑看课堂风云：谈处理课堂偶发事件的艺术 [J]. 河北教育：综合版，2007（7）.

未能查出，教师不仅没有发慌，反而灵机一动，若无其事地笑着对学生说："现在我要考考同学们的注意力，看谁能发现老师推导的错误。"全班学生思考着、检查着，纷纷地举起了手，把错误很快改正过来，这样，通过发动学生共同探讨和更正错误，一方面调动了学生学习的积极性，另一方面，也为教师赢得了宝贵的时间。

7. 暗示教育法

对学生在课堂上交头接耳或微小动作等违纪行为，较适宜采用暗示教育法，即通过对教育对象的暗示，促使其在思想上自我认识、自我谴责，从而使其自我改过，避免将事件范围波及全班，影响学生的注意力和正常教学的进行。教师可以通过声调高低缓急的变化、眼神凝视及姿势动作等来暗示违纪的学生。观察发现，学生违纪行为的出现并不随教师命令的强度升高而有规律的递减。恰恰相反，"最好的纪律就是使教师和学生都感觉舒服的纪律"，教师应该学会使用"隐形命令"，巧妙地处理课堂中的类似情况。

◼ **案例**

一名小学生在日记中写道："上课的铃声响了，可我的小说正看在兴头上。管它呢，低着头，悄悄看，我边看小说边又故意抬起头望着老师听课。一抬头，老师正专注地看着我，微笑着轻轻地摆了摆头。我的脸一下红了，赶紧把小说塞进书桌，专心听课了。老师没有批评我，但她那饱含深意的眼神更使我惭愧……"①

暗示教育不仅不会因为训斥学生而分散班级同学的注意力，还能有效地使学生的错误行为得到终止。不但保护了学生的自尊心，还会对全班同学起到"隐蔽性"的教育作用，也为继续教育铺垫着感情基础，会使教师更多地赢得学生的尊重和爱戴。高超的应变能力，应该是集教师的事业心、品德修养、创造性思维品质、言语表达功底、课堂民主作风、积极参与意识等诸因素于一体的综合艺术。教学无法，贵在得法。课堂偶发事件的处理也是如此，这需要广大一线教师在实践中不断积累经验，不断锤炼过硬的机智应变本领。

作为一名教师，只有不断地丰富自己的专业知识，充实自己各方面的经验，全面了解学生身心发展的特点，正确分析偶发事件产生的原因，具备爱岗敬业、沉着冷静、深思慎处、机敏幽默、知情达理等素养。偶发事件并不可怕，只要巧妙地运用教学机智，在教育实践中不断探索，总结经验教训，寻求

---

① 刘义军. 课堂偶发事件的调控对策 [J]. 中小学教师培训，2000（8）.

规律，因势利导，就能机智巧妙地处理好偶发事件，从而保证教学活动的正常进行，达到教育学生、解决问题、促进班集体健康发展的目的。

四、处理学生理解偏差的机智

学生处于一定的年龄阶段，他们的认知水平和理解能力都没有达到一定的高度，对于课堂上教师提出的问题，他们可能有自己的想法，也许学生理解的和教师想传达的或是事实上课文中、词语中想表达的不是一个意思，这种情况就属于学生理解偏差。在对于同一个问题的理解上，由于每一名学生都是独立的个体，会受很多因素的影响，所以他们的理解也会有差异，而对于不同的问题，这种差异就会更明显，差异可以是生成有效教学资源的途径，也可以是一种理解偏差的表现。下面将通过对语文中词语理解的偏差和文章内容的偏差来体现机智。

（一）个别词语理解偏差

中国的汉字博大精深，而汉字和汉字的连接构成了词语，一个词语能表达很多意思，词语有本身意思，还有延伸意思，同一个词语还受语境、语言色彩、上下句关系的影响等，所以要了解一个词语的意思，不仅仅是它的表面之意，也要看它是在什么地方出现的，而学生对这些稍不注意就会对词语的理解产生偏差。

◆ 案例

一 词 之 惑[①]

阶梯教室里，座无虚席，教师们正听特级教师于老师的《马背上的小红军》。一名学生朗读完第一段，他的同座站起来问："于老师，深情是不是感情很深厚的意思？"

这课于老师上过好几次，从来没有人提过这个问题，他备课时也从未考虑过，第一段是这样写的："陈赓同志回顾自己革命经历的时候，曾经深情地叹气这样一件往事。"

这里的"深情"显然不是仅就字面解释为"满怀深厚的感情"，这个情是很复杂的，在学生没有读懂全文之前，即使教师把自己的体会讲出来，学生也

---

① 唐劲松. 教育机智漫谈［M］. 深圳：海天出版社，2002（9）.

很难理解。全体听课教师都望着他，看看特级教师如何处理这个问题。老师首先肯定这个问题提得好，说明这位同学读书动脑子了，然后说："等学完课文咱们再讨论这个问题，我想提问题的这位同学一定会自己找到答案。"

课文学完了，他请提问题的同学说说对"深情"的理解，她是这样说的："陈赓感到不该轻信小红军的话，他看到小鬼的干粮袋里装的是一块烧得发黑的猪膝骨时，他后悔极了，感到对不起这位小红军。"

"不错，这个'情'里，有后悔之情。"她接着说，"小红军宁肯牺牲自己也不愿意拖累别人，他这种精神，陈赓每次谈到的时候都很敬佩。"于老师作了小结："这个'深情'，有后悔之情，有责备自己之情，有敬佩之情，有赞美之情。"

分析：对于学生最开始理解的深情只是他的片面之意，显然与最后这个"深情"的意思有很大差别，这就是在语境中，深情的意思受语境和课文中心内容的影响，学生开始的理解就是偏差的，他只想到深情的字面之意，而文中的深情却有后悔之情，有责备自己之情，有赞美之情，显然，学生理解词语时没有把它的背后之情想象出来。对于这种词语理解偏差，于老师当时没有立即给予纠正，就像他说的那样，这个词语很复杂，在学生没读懂全文时，即使解释了也没有学生自己的感受深，针对这样的情况，于老师的这一举动体现了教学机智，而这种机智是来自于教师对教材的熟悉把握和正确的教学理念，对于知识的学习，只有自己探索才会有所收获，教师直接告诉答案的方式已经不再适用了。对学生本身来讲，由于开始没读懂课文甚至是没读课文前的一个理解偏差，而经过学习和体会后，她的理解就会加深了很多，这也是一种好的学习方式。

（二）文章内容理解偏差

学生的理解偏差在内容上的体现也是很明显的，因为学生是活生生的，他们的想法或许和正常的思维不同，课堂上允许求异思维的存在，允许出现不同的答案，但这答案的前提是正确的、可以接受的，而有些同学随意发挥自己的想法，没有从文章的主要内容或是主要表达思想出发，所以对文章的内容也会出现理解偏差的情形。

◆案例

意外的想法[①]

在讲《我的战友邱少云》一课时，讲到邱少云被烈火烧身的段落，我播放了

[①] 雷玲. 名师教学机智例谈[M]. 上海：华东师范大学出版社，2007. 节选时有改动。

《打击侵略者》中"邱少云被烈火烧身"的视频剪辑，随着画面的呈现和音乐的想起，我充满深情地为视频剪辑配着旁白，最后提出一个问题："面对这样一位战士，你有什么话想对他说吗？"我期待着一种感动于英雄壮举的情感表达，期待着一种崇敬视死如归、意志如钢的英雄人物的态度认同，连叫了几名同学，发言个个精彩，这时一个小个子男生站了起来，回答道："邱少云，假如我是你，我就打几个滚先将火灭了，说不定这个时候山上的敌人正在睡觉呢！"

全场一片愕然！气氛顿时凝固，所有人的目光都齐刷刷地聚焦到我的身上，我停顿了十秒，然后说："孩子，你不希望邱少云死，是吗？"我的声音缓慢而低沉。男孩郑重其事地点了点头。"我理解你的心情，将心比心，谁想死啊？这样的希望，不仅你有，大家也有，但作为一名军人，一名以服从命令为天职的军人，此时此刻，面对残酷的战斗形势，面对自己的危险处境，我相信，一定还会有另一种声音在他内心深处响起。大家听，另一种更加强烈、更加坚定的声音在对他说……"

班上陆续有学生举起手来，"我听到有声音这样对邱少云说，邱少云，你可不能动啊！你一动，身后的整个班、整个潜伏部队就将被敌人发现，战友们将会遭受重大伤亡，如果我一个人的牺牲能够换来战友们的平安，我死也是值得的！"

分析：案例发生在特级教师王崧舟老师的课堂上，小个子男生的意外回答，给课堂带来了短暂的沉默，但随即完美的几句对话打破了这沉默的场面，我们不难看出王崧舟老师的教学机智，他先从学生的角度出发，解释了学生这么回答问题的缘由，随后把问题抛给学生，可以看出学生回答的非常好，这篇课文的主要内容就是通过这一火烧事件来表达邱少云的英雄情感，赞美邱少云的牺牲精神。学生们很好地掌握了课文的中心思想，语言优美，思路清晰，无不说明了邱少云的伟大。这样的机智使课堂更加精彩！而提问的男生，他没有完全考虑课文或是当时的情境，就从自己的角度出发，虽然理解内容上有些偏差，但他的出发点是不希望邱少云牺牲，我们理解的同时必须回归当时的情境，不能像想象中那样随心所欲，必须尊重原文回答问题。

五、处理学生不当行为的机智

在课堂教学活动中，学生是教师的教育对象，由于学生的年龄特点和心理特征，使他们的注意力很难长时间集中在教师的教学活动中，在加之平时不良行为习惯的形成，很难让他们在课堂上一动不动地听讲，所以有些同学便会作出有意无意影响课堂秩序的行为举动。学生的不当行为主要指学生有意无意地干扰课堂秩序，违反课堂纪律的行为现象。对于这种现象，教师必须及时制止或是有效地加以引导，否则会妨碍课堂教学的正常进行，而处理这种行为的出发点是要尊重和爱护学生，保护学生的自尊心。学生的不当行为多以打架斗殴和恶作剧为代表。

（一）恶作剧

爱搞恶作剧的学生一般都是比较调皮的学生，调皮和好动是学生的天性，我们不能因为学生的恶作剧引起课堂秩序混乱就抹杀他们的天性，要用正确而不伤害学生自尊心的方法来处理。学生的恶作剧通常是以扰乱课堂秩序，吸引其他学生注意力或是给教师出难题为出发点。例如：往同学背后贴纸条，拿东西吓唬女生，让教师一开门就砸脑袋，趁同学不注意抽走其凳子，上课随便发怪声，等等。

◆ 案例

一次英语课上，教师正在教"cock（公鸡）"这个单词，突然，有一名学生怪腔怪调地问："英语里有没有母鸡？"顿时班上同学哄堂大笑，正常的课堂秩序被搅乱了。面对这种情况，教师不动声色，仍然用平静的声调说："有，而且还有小鸡这个单词。"接着他把这两个单词写在黑板上，带领学生齐读，很快地把学生的注意力引导到教学内容上来。那个发出怪声的学生感到自己的行动并未引起大家的注意，便感到很不好意思。然后，教师把话题一转："××同学不错，不但想学会'公鸡'怎么读，还想知道'母鸡'这个词，现在全班同学都多学会了两个单词，但是刚才你提问题的语调不好。"接着他又讲了英语中的语调问题。①

英语通常是学生们比较喜欢的一门学科，因为在这个课堂上可以不受太多的拘束，学生们往往都会在轻松的氛围中学会知识，锻炼自己的语言能力，恰恰是因为这种轻松、自在、快乐的学习氛围让一些爱搞恶作剧的学生有机可乘，他们平时很调皮，经常想出一些意想不到的行为来吸引大家的注意，针对这种情况，在课堂上如果教师处理不当就会造成课堂混乱，一方面使教学任务很难达成，另一方面又影响教师在学生心目中的良好形象，所以教学机智在此过程中就显得尤为重要。这名学生的怪调明显就是一种恶作剧的表现形式，他成功地搞乱了课堂秩序，吸引了学生的注意，但是这位教师技高一筹，利用因势利导的方法就把这次恶作剧给平息了。这种方法既不影响教学活动的正常进行，又增加了学生的知识含量，重要的是

---

① 唐劲松. 教育机智漫谈 [M]. 深圳：海天出版社，2002（9）.

使学生受到了应有的教育，其效果是显著的。如果当时教师选择另一种处理方法即先把讲课停下来，对调皮捣蛋的学生一顿教训，又会出现什么情况呢？想来是发问的学生不会服气，会再找另外的机会来为难教师，而对于其他学生来说也许教训不听话的学生也是正常情况，但两者相对比，教师运用教学机智因势利导的处理方式会在学生心中留下深刻的印象，重要的是教师不仅回答了发问学生提出的问题，而且对于他的行为教师也给予了一定的指责及批评，这会让调皮捣蛋的学生记住教师的这一举动，不会再为了扰乱课堂秩序和吸引其他同学注意而随便搞恶作剧了，这样看来岂不收获更多。

（二）吵嘴、打架斗殴

吵嘴、打架斗殴相对于恶作剧来说其严重程度要更高些，教师对这样的行为更应有所重视，对此行为的处理要更加细心和周全。对于发生争执的学生，他们之间并没有什么深仇大恨，只是一时争强好胜，谁也不肯服谁，就是这样的心理使得同学之间的矛盾越来越大，争执的场面越发的不可控制，只要教师细心指导，让他们认识到自己不对，就能缓解一大部分情况，再加以耐心劝说，学生间的矛盾就会有所化解。

◆ **案例**

特级教师潘凤湘让学生阅读《为学》一文时，突然有两名学生吵嘴了。同学们都放下手头上的书和字典密切关注着这一事态的发展。潘老师请这两名同学站起来，要他们说明为什么吵闹。一个说："他骂我是狗熊。"另一个说："他骂我是笨猪。"同学们哄堂大笑。老师问："为什么事互相骂起来的？"一个说："他摇桌子，弄得我看不成书。"另一个说："是你把我的字典扔到地下。"老师先让他们冷静下来说："我提出一条解决问题的原则，不知你们同意不同意？"这两名学生和其他同学都等待着，看老师说出一条什么原则来。老师说："双方都不指责对方有什么错误，都检查自己有什么错误，这是一条原则。谁同意就检查一下自己在这一事件中应付什么责任。"这两名学生虽然淘气，头脑冷静时还是通情达理的。一个说："我向他借字典，他不借，我就骂他笨猪，还把他的字典扔到地下。"另一个说："当时我没有使用字典，不借给他是不对的，这件事是我引起的。"问题顺利地解决了。①

潘老师对于吵嘴事件的处理显出运用教学机智来达到良好的教育目的，对于任何影响教学活动正常进行的"小插曲"教师们都不能简单地放过，不能为

---

① 董远骞. 教学的理论与艺术 [M]. 北京：人民教育出版社. 2007 (8). 节选时有改动。

了不影响课堂正常进行而草率地处理，尤其有的教师为了赶进度，为了多讲些与课文相关的知识，对于这类事件，就是训斥几句或是用惩罚的方式匆匆地过去了，当时或许会收到良好的效果，因为学生惧怕教师，而自己的行为也达到了一定的目的，学生会听教师的话，但是对于教师的训斥和批评一定不会甘心，久而久之，就会在心里生出对教师的不满。潘老师认为学生冷静下来就是通情打理的，他们也明白什么是对的，什么是错的，也会勇于承认自己的错误。她选择了一种新的方式就是自我批评法，让学生从自己的错误入手，不要指责对方，通过这种自我批评的方式变消极因素为积极因素，再通过这个事件教育班级全体同学，让学生得到了潜移默化的教育。

六、处理教师失误的机智

教学失误是指在教学过程中教师自身出现某些行为上的问题而影响了教学的正常进行，教师作为一个个体，和学生一样，也不会什么事都做得很完美，也会出现这样或那样的失误现象，无论这种现象产生的原因是教师的不小心还是教师的疏忽，都会对教学活动产生一定的影响。不管什么样的教学失误，都会遵循一定的处理原则，下面我们就列举三个原则来谈一谈教师处理教学失误的机智。

（一）诚恳认错

人们常说态度决定一切，这句话是一句至理名言，无论在什么情况下它都有正确的一面，就连在课堂上也能发挥应有的功效。不仅教师的智慧可以生成为机智，教师的态度也可以。在课堂教学过程中，教师避免不了发生错误，面对自己的错误，有的教师一味地找理由或推脱，在学生眼里这样明显的举动会影响教师在他们心中的地位，而教师的诚恳认错是一种更好的方法，这种方法体现了教师的真诚。教师教给学生的不只是知识，有时还有做人的道理，教师的实事求是和诚恳态度都是学生应该学习的，如果能学到这一点，对学生来说也是一种莫大的收获。

◆ 案例

一位教师在上《听听，秋的声音》这节课时，刚把课题写到黑板上，讲台下面就一阵唏嘘声，有的同学愣在那里，有的同学想举手说些什么，从学生的反应中，教师发现自己把标题写成《听听秋的声音》了，教师借此机会，让同学们展开讨论：看看有逗号和没逗号的标题有什么不同。

生1：有逗号的标题重点强调的是声音。

生2：有逗号的标题比没逗号的标题表达的意义更深远。

师：你们可以读一读这个标题，注意停顿，大家能感受到什么？

生1：老师，我知道了，"听听"更能表示声音的神秘。

生2：这样读更有一种秋天的感觉。

生3：用逗号隔开，可以感觉到作者认真地听秋的声音。

师：同学们说得真好，一个逗号可以让你们有这么多的感受，教师真是粗心，把这么重要的东西落下了，你们可不要像教师学习啊！[①]

虽说这是一个小小的教学片段，却让我们看到了教师的真诚和机智，在出现错误时，教师能够主动承认，并以此警示和提醒学生。学生虽然年龄小，但是有很多东西他们都明白，发生这样的失误时，教师要一味地强调是自己的设计，也许会弄巧成拙，让学生对教师的行为产生怀疑，会影响教师在他们心中的威信程度，而直接坦诚，并以此为教学资源，让学生能从此事中有所收获，这收获不仅是知识上的，更是对教师的为人产生的敬佩之情，作为教师不仅要传授给学生知识，也对学生的人生观、价值观有所影响。

（二）因势利导

一堂精彩的课少不了运用因势利导的原则，无论是处理课堂偶发事件，还是对学生回答的问题，因势利导是教师必备的原则之一，这条原则的重点就是教师的"导"，这需要教师具有丰富的知识和敏捷的思维，才能将学生出现的各种"势"顺利、成功地导入正常的课堂教学环节中，而且尽量让学生出现的状况能符合当时的情境。运用好这个原则能使课堂更加精彩，能挖掘出更多原来课堂没有的内容，这些在学生体会和感悟起来要更加深刻。

◆ **案例**

一次在讲《三峡之秋》课文的时候，教师给孩子们范读课文，教师字正腔圆，情感充沛，学生听得津津有味，但在读第四自然段时，教师错把"明亮"读成了"明净"。这时，教师没有立即停下来纠正自己的口误，而是继续深情地朗读完全篇课文。

师：同学们，刚才老师在读课文时，把一个精彩的词语读错了，大家知道是哪个词语吗？

生：您把"明亮的小溪"读成了"明净的小溪"。

[①] 资料由深圳市海滨实验小学李春梅老师提供。

师：对，我们平时在读课文时也要注意不添字、不少字、不读错字。那你知道"明亮"和"明净"这两个词语有什么区别吗？

生："明净"是透明、干净的意思，而"明亮"除了透明，还有光亮的意思。

师：那文章为什么要用"明亮"而不用"明净"来形容小溪呢？

生：因为当时天快黑了，江边的渔火照亮了江面，所以作者用"明亮"来形容小溪。

师：回答得非常好！[1]

对于语文教师的类似课堂口误现象是很常见的，在整个课堂教学过程中，语言用的非常多，相近似的词语也不胜枚举，所以不论是学生还是教师读错都很正常，这种语言失误是要尽量避免的。案例中教师处理的非常机智，如果当时教师要是停下来改正自己的错误也是可以的，但是那样课堂前营造的氛围就会被打断消失，教师的感情充沛，学生听得津津有味，这种完整的、和谐的教学氛围就会被打破，即使我们对教师的范读能力深信不疑，但是美好的意境一旦破坏就很难恢复，而教师自己做到心中有数，用提问的方式捕捉住这个错误是一种机智的、合理的处理方式，它维护了范读的完整性和艺术性，而这口误非但没有影响教学效果，反而被演绎成了一段非常精彩的词语辨析，给学生们留下了深刻的印象，在这段辨析中我们可以了解到教师的引导作用和学生的理解能力都非常强，学生的回答也非常好，能把握住课文中的细小部分，把"明亮"和"明净"区分得很详细，通过文中的渔火照亮江面而作出判断，足见学生对文章的理解很透彻。

（三）及时调节

当教师在课堂教学中出现突发状况时，为了不影响正常教学环节的进行，需要教师及时处理，所以及时调节原则是解决一切问题的有效方法之一，及时调节原则既利于正常教学环节的进行，也利于调整教师和学生的状态。由于教师的失误出现了一些问题，这就需要教师及时调节，如果将事情搁置或是将课堂停止下来解决自己的失误，那么整个课堂就无法进行下去，课堂就会变成教师补救错误的场地，而学生就成为观众，观看教师如何处理失误问题，这样后果是很严重的，出现这种临时状况，及时调节原则就显得尤为重要，它会保持整堂课的完整性，它会将各个环节完美地呈现，使大家看不出任何修补的痕

---

[1] 雷玲. 名师教学机智例谈 [M]. 上海：华东师范大学出版社. 2007 (11). 节选时有改动。

迹，这就是及时调节原则的巧妙之处。

◆ 案例

出错的电脑[①]

这节课我们学习的是《秋天的雨》这篇课文，从上课到学完第二自然段都很顺利，学生配合度高，回答问题积极，课堂气氛活跃，当第二自然段学完后，学生们已经充分领会到这段的内容，而为了深化学生的理解，达到更好的教学效果，我设计了一个在背景音乐中欣赏图片的环节，图片中呈现的是黄色的银杏树、红色的枫叶、金黄的田野、橙红色的果树和不同颜色的菊花，这些都是课文中的内容。当我把学生的积极性调动起来的时候，电脑却不配合，图片一直播不出来，为了缓和焦急的气氛，我说了声"同学们，这么美妙的图片需要我们耐心地等候"，可是等了一会儿仍然没有回应，我只好换一种方式，说："美丽的图片我们现在看不到，但是我们可以一起读一读，把它的美通过你的朗读读出来。"学生们读着读着，电脑上的图片出现了，这时我又让学生们停下来，在美妙的音乐中欣赏图片。

分析：随着经济的发展和社会的变革，现代化的教学手段在教学过程中得到实现，教学手段首先表现为一些工具、媒体和设备，如电脑、幻灯、录像等，用电脑呈现的内容比较生动、具体、可以让学生们有更直观的感受，这种工具在教学中有着很重要的作用，俗话说"工欲善其事，必先利其器"，这就说明了好工具的重要性。在教学过程中为了帮助学生理解课文，掌握知识，达到更好的教学效果，教师通常会选择课件，这可以让课堂更加精彩，但是由于各种原因也避免不了出现课件放不出来，电脑出现故障等情况，正如此案例中李老师遇到的问题一样，在这种状态下教师一定要沉着、冷静、不要慌，就像案例中的这位李老师先用语言来安抚大家，随后又选择让学生朗读的方式来解决这一问题，充分体现了教学机智，在课堂上无论有什么突发状况和意外事件的发生，教师都要控制自己的情绪，保持冷静的头脑，这样才有助于作出正确的反应，因为教学机智常是在冷静、平和的心态中产生的。

七、处理学生失误的机智

学生失误是一种由于学生自身的操作不顺利，注意力不集中和意外回答等

[①] 资料由深圳市海滨实验小学李春梅老师提供。

引发的偶发事件。在课堂上，主体不仅有教师，更有活泼爱动的学生。课堂不仅是预设的，更包含很多生成的东西。如果没有事先的预设，就不会有精彩的生成。每次偶发事件的机智处理都离不开教师的精心备课，以及对教育事业的热爱和对孩子们成长的关心。

课堂是一个动态的过程，教师需要充分调动学生的主观能动性，积极参与课堂，不允许一名学生掉队，不允许他们游离于课堂之外。偶发事件常常成为课堂中不可避免的一部分，教师如何处理由于学生失误所引发的偶发事件关系到整个课堂的气氛以及部分群体的心理发展状况。教师必须恰当地拿捏其中的利害关系，只有这样才能构建一个和谐的班集体，并且照顾到每一名学生的心理健康发展。教学是一门"艺术"，教师是"人类灵魂的工程师"，对于从事教师行业多年的一线教师来说，这些不仅是口号，更是一种印记。我们的言行无时无刻地影响着学生们。

人非圣贤，孰能无过？对于孩子们的失误，教师又该怎样机智地处理呢？笔者认为以下几个原则是必须要遵循的。

第一，对学生尽量做到宽容与耐心。教师在处理问题时一定要注意耐心和细致，突发事件破坏了预设的计划，但还是能反映出许多问题的，包括学习上的，学生交往中的，或许有些在课堂上无法完全地解决好，但是必须耐心地把事情先压下来，课后再耐心细致地教导。

第二，反思学生认知与成长中的问题。出现问题并不可怕，可怕的是逃避问题，在问题面前，教师应该积极地反思，是不是哪些方面疏忽了，哪些应该更加注意，等等。我们必须正视问题，才能解决问题，关注学生长久健康的发展。

第三，及时应对，制止错误蔓延。课堂上的时间只有40分钟或者45分钟，教学内容已经被教师安排得非常紧凑了，处理突发事件也必然会占用一定的时间，这就对教师提出了更高的要求，如何才能既节省时间，又妥善处理好事件，尽量减小偶发事件带来的干扰，化不利为有利。教师的第一反应是如何制止错误的蔓延，挽回局面，而不是置课堂混乱于不顾，不要急于追究责任，而是去想怎样才能解决问题，其他的等下课后处置。

● **案例**

在科学课的实验中，李老师请了一位小女孩上台演示。当时教室后面挤满了前来听课的教师。或许是置身于众目睽睽之下的缘故，小女孩的神态显得有点儿紧张，拿玻璃杯的手微微发抖，结果玻璃杯掉在水泥地面上。

"啪"，那个晶莹的玻璃杯，支离破碎。

"刷"，所有的目光倏地聚焦在小女孩的身上。

整个教室先是宁静，静得仿佛能听到彼此的呼吸和心跳。老师和同学们都敛声屏气。

接着是哗然，许多学生叫起来了："赔！要赔！"泪水在小女孩的眼眶里打转。

这时，李老师接过学生的话茬，说："赔？当然要赔！不过应该由老师赔——因为是我让她做实验的！"

说完，李老师拿起另外一个杯子，微笑着对小女孩说："现在，老师再次邀请你为大家演示实验——"然后转身对大家说："事先申明，如果这个杯子打碎，还是老师赔！"闻听此言，大家安静下来了。自信回到小女孩的脸上。

实验很成功，也很精彩。李老师率先鼓掌，顿时教室响起了热烈的掌声。

在这个案例中，我们不难发现，教师在处理课堂偶发事件中的重要作用。如果教师不能沉着冷静地对待，那么课堂将会是一团糟，正常的课堂活动将无法继续。与此同时，教师必须包容，宽容自己的学生，给学生加以改正的机会，而不是千篇一律的否定。教师在完成教学任务时，一定要进行自我反思，尤其是新任教师，一定要正视出现的问题，对于学生的失误，教师一定要宽容对待，这样不仅有利于教育教学任务的完成，更有利于建立良好的师生关系，构建和谐的班集体。

◆ 资料库

教学机智的技巧[①]

1. 动情诱导

此技巧的使用前提是具有对学生的热爱和尊重信任的情感，以触及学生的心灵，能够从学生的角度出发思考问题，体会学生的感受。它适用于当调皮捣蛋的学生说的某些话影响了课堂秩序时，教师要给予一定的回答，这回答会从学生的角度出发，认真考虑学生的感受，便于产生情感共鸣。

2. 就事论理

此技巧适用于在课堂上发生意外事件，使同学之间争执不断，谁也不肯先屈服或是道歉，对于这样的情况，要让学生先平静下来，然后教师有分寸地让学生进行事实陈述，将问题摆出来细说，这样谁对谁错自然见分晓。

3. 扬长补缺

此技巧的使用需要教师具有细心观察的能力，了解学生的长处和短处，这样在处理事件时才能更加有说服力，同时要求教师不要只看到学生错误的一

---

① 董远骞. 教学的理论与艺术 [M]. 北京：人民教育出版社，2007：322-326.

面，要全面认识学生，对错误加以指导，对长处加以鼓励。它适用于利用自己的一点特长或是爱好而搞恶作剧或是上课违反纪律的学生，教师要看到学生的闪光点，而不要揪住他的错误不放，这是此技巧的意义。

4. 给予暗示

此技巧就是指通过言语、表情、眼神、手势等方式，用含蓄和间接的方法给人以启示，使之接受某种心理影响。它适用于在课堂上学生的某些行为没有影响到大多数人，只是自己违反了课堂纪律，不认真听课，和同学说悄悄话或是偷看小人书、小说等，而此时教师只要通过暗示就能达到一定的目的。

5. 即兴幽默

即兴幽默是机智的一种表现，虽说有时会带有一些讽刺成分，但不是挖苦，是具有热情和期待，富于人情味的。此技巧适用于课堂上的一些小事，或是某些同学的行为具有尴尬成分，适时的玩笑利于缓解当时的气氛，在学生哈哈一笑后，课堂又会恢复平静，当学生想起这则事件后，在大笑之余还会有对教师的无限钦佩。

6. 转移兴趣

此技巧可以使教师用人类最崇高的爱，塑造美好的心灵，诱发美好的行为。它通常用于学生不爱护环境，伤害动植物，破坏公物上，一些错误的举动引发课堂秩序的混乱，教师应用此技巧，即可以平息混乱，又可以塑造学生美好的心灵。

7. 冷却处理

当人们冲动时或是不冷静时作出的决定多半是错误的，冷却处理就是根据一定的心理来处理问题的，在事态平息后，学生们再看自己的所作所为，就会更加清晰地认识到当时的错误。此技巧适用于同学之间吵嘴、打架斗殴或有矛盾的时候。

8. 捕捉时机

此技巧适用于发现临时有价值的教学资源，无论是学习方面还是做人方面的资源都可以随时加以运用，这样会收到意想不到的效果，这需要教师具有随机应变的能力，能随时调整教学设计、教学流程，巧妙运用资源达到良好的教育效果。

【思考与活动】

1. 如果你是一名新工作的教师，没有什么经验，对于班级里爱搞恶作剧的学生，你会怎么办？

2. 张老师说她每次运用教学机智处理学生课堂偶发事件时，总是找不好时机，而且总是被处理的一塌糊涂，你觉得问题可能出在哪儿呢？

3. 李老师认为：教学机智是一种"即兴的作品"，当遇到什么情况就临时处理好了，不用提前作好准备或是想好方法，您觉得李老师的想法对吗？

第五章 建立有效积极的课堂交往

古语有云"师者,所以传道授业解惑也",而教师们的"传道授业解惑"离不开有效的课堂交往活动。由于没有真正理解课堂交往的特点和意义,许多教师不断在讲课、提问等课堂基础交往活动中遇到阻碍和问题,影响了课堂管理效果和教学质量。本章将围绕"什么是课堂交往,课堂交往中的学生主体差异有哪些,课堂交往中如何建立良好的师生关系,如何营造有利于课堂交往的课堂环境、气氛以及建立有效课堂交往的相关策略"几个问题对课堂管理进行探讨。

【学习要求】
1. 理解什么是课堂交往?什么是有效积极的课堂交往?
2. 如何与不同心理、生理特点的学生建立有效的课堂交往?
3. 课堂交往中如何建立良好的师生关系?
4. 掌握构建课堂环境、调节课堂气氛,以及建立有效积极课堂交往的策略。

一、课堂交往概述

(一)课堂交往的含义

课堂交往的概念中包括"课堂"和"交往"两个部分,其中对于"交往"意义理解的差异使它的定义有了不同的界定。归纳起来大致可以分为三类:(1)强调"信息共享";(2)强调"有意图的影响";(3)强调"产生任何影响或反映"。

叶澜教授曾提出"起源于交往,教育是人类一种特殊的交往活动",说明教育曾经是交往活动的一部分,而"没有沟通就不可能有教学"强调了沟通是教学活动有效进行的基础。因此,成功的课堂教学过程就应该促进多层面、多维度、多样化沟通情境和沟通关系的形成。根据这样的定义,那些只空有教学形式而没有交流互动实质的课堂教学活动只能被称为"假教学"。

还有研究者将课堂教学交往定义为在课堂教学情境中师生通过语言和非语言信息工具相互交流信息、相互影响、相互作用的教学活动。① 这种观点中吸收了交往定义中"运用语言和非语言工具"的特点，着重指明了课堂交往的基础渠道。

在综合统整各种观点的基础上，编者曾将课堂交往定义为：发生在课堂活动中的主体间通过信息交流而达到相互影响的活动过程，即特指课堂教学情境中的人际交往，是一种师生、生生间对话、交流和共享的过程。②

正确理解课堂交往的含义是我们明确什么是有效课堂交往、积极课堂交往的基础。《现代汉语词典》中对于"有效"一词的解释为"能实现预期目的；有效果"③。因此，有研究者将有效课堂交往定义为：在课堂教学情境中师生透过语言和非语言信息工具相互交流信息、相互影响、相互作用，能实现预期交往任务，能促进学生发展的教学活动。④ 在有效课堂交往中，师生应该形成一个"学习共同体"，在学习过程中他们都保持平等的地位，能够进行积极、深入的沟通。

◆ 资料库

三种意义上的交往概念⑤

第一种交往概念是狭义的，即信息科学和传播学的。把交往看做一种单一的对象，研究交往的图式、交往的系统管道及交往的技术手段等问题，研究信息（information）如何变成讯息（message），如谁在发送讯息，发送哪些讯息，以及这些讯息的传播具有何种功能和效果等。这是一种技术科学意义上的交往理论。

第二种交往是广义的社会学意义上的概念。它与狭义的交往之间最大的区别在于，不再将交往看做单一的研究对象，而将交往放到社会、文化和历史大背景中，研究交往与社会系统方面的关系。它不对交往过程中纯技术性手段进行考察，而是进行社会学意义上的理性分析，着重分析交往的社会文化内涵。这种交往理论侧重阐述了交往的社会本质，交往的个体性和社会性根源，交往的工具性和中介性结构，以及交往的社会功能和效益。

第三种是从哲学意义上定义交往的概念。它承认交往是人相互作用的一种中

---

① 张希希，徐继存. 论有效课堂交往及其意义 [J]. 天津市教科院学报，2001 (2).
② 吕立杰. 中小学课程管理 [M]. 长春：东北师范大学出版社，2009：179.
③ 中国社会科学院语言研究所词典编辑室. 现代汉语词典 [Z]. 北京：商务印书馆，1994：1403.
④ 张希希. 论有效课堂教学交往 [D]. 重庆：西南师范大学，2001.
⑤ 陈旭远. 关于交往与教学交往的哲学认识 [J]. 东北师范大学报：哲学社会科学版，1998 (5). 参编时编者有改动。

介，而且强调交往与人、社会之间存在内在统一性，认为交往本身即人的生存方式，它涵盖了人的历史、文化、生活的一切领域，人类交往的范围和界限，也就是其生活和社会实践的范围和界限。如马克思的"社会关系"，狄尔泰的"生活关联体"，胡塞尔的"生活世界"等哲学概念中都体现了这种观点。哲学意义上的交往理论侧重研究交往的哲学本质、基础和可能性，交往过程中人与人关系的哲学特点，交往的中介即语言符号的结构和规则。在一定意义上可以说，研究交往和语言问题构成了20世纪西方哲学的本质特征。

三种代表性交往理论①

（一）"生存的交往"理论

卡尔·亚斯贝斯（Karl Jaspers，1883—1969）提出的"生存的交往"理论一方面是指一种非客观化的交往，是自我与自我之间在外部关系中实现的精神交流；另一方面，这种交往不以取消个人为前提，相反只有当每个人都作为自由自觉的自我，作为具有无可替换的人的尊严的个人参与它才能形成这种交往。其具体内容包括：

（1）孤独和联合——交往中的个人与社会

对于"生存的交往"来说，"孤独"和"联合"是完美统一、相辅相成的。一方面自我必须与外界，与他人进行结合，必须投身于积极的交往；另一方面，交往的目的也只在于发展自我。按照亚斯贝斯的观点，只有通过孤独，自我才会把自己和世界隔开而不是等同起来；只有在孤独中，自我才会认识世界的缺陷，从而认识到超越现实社会的必要性和迫切性；但同时孤独本身是在交往中实现的。如果说孤独象征着个人本位倾向，那么联合则象征着群体本位的倾向，它们两者结合就是个人本位与群体本位的结合，即在交往中实现了我们所说的"个人与社会的统一"。

（2）自我的显现——交往中的个人与他人

亚斯贝斯认为，"生存的交往"是一种心灵与心灵的对话，是一个"爱的斗争"的过程，过程中人性不断得到改造和提高。这种交往在心灵的交流、情感的融合、精神的沟通中建立。"生存的交往"使得每个人的内在自我（ego）完整亮相，真实而自由的自我（self）和人的丰富的个性得到全面的显现。另外，它还能使人们认识到他人的存在是不可剥夺的，每个个体的自我都与他人的自我之间有深刻的相互依赖关系，同时感受到人与人之间真心的、内在的平等，这是一种精神化、人格化的平等。"生存的交往"使自我得到完整的显现，

---

① 张希希.论有效课堂教学交往 [D]. 重庆：西南师范大学，2001. 参编时编者有改动。

为个人的自我发展提供了一个崭新的世界。

（3）深沉的爱——交往的内容

亚斯贝斯认为，交往的真正内容不是任何客观的外部事物，而是无条件的爱。在现实生活中，人总是生动具体的，人与人之间有无限的差异和不可避免的矛盾，正因为如此，才有交往的必要。交往的意识是一种实践的意识，它要求人们去行动，去斗争，去参与，因为只有在现实生活中，才会形成生动而具体的善，这个善就是无条件的爱。

（二）交往合理化理论

哈贝马斯（J. Habermas）首先把人的行为分为两个范畴：一是"劳动"；二是"交往行为"。他的整个"交往合理化"理论都建立在这种区分上。什么是交往行为？哈贝马斯说："交往行为，按照我的解释，是由符号协调的相互作用。这种相互作用是按必须遵守的规范进行的。这些规范决定双方的行为，而且至少被两个行为主体所理解、承认。""当技术规则和行为方案的有效性依赖于经验上是真实的或者分析上是正确的命题的有效性时，社会规范的有效性则可以从共同的主观性对于各种愿望的理解中找到根据。而且这种有效性可以借助于公共规则被普遍承认而得到保障。"

总之，在哈贝马斯看来，所谓"交往行为"乃是一种主体间通过符号协调的相互作用，它以语言为媒介，通过对话，达到人与人之间的相互"理解"和"一致"。因此，"交往理论的基本任务就是给'可能的谅解'创造'合理条件'"。

（三）交往实践理论

各种不同学派从不同角度研究"交往"问题，但在马克思主义产生以前，没有一家学说把"交往"与人类的社会实践活动联系起来考察，关注实践的交往性，这也是马克思主义对交往理论的重要贡献之一。人类是通过生产劳动将自己与动物区分开来的，因此将全部社会交往建立于生产实践的基础上，正是人类交往超越动物交往水平的明显标志。物质资料生产本身就是对象性和交往性的统一。一切社会交往行为，只有最终追溯到变革客观世界的对象化活动，才算是找到了根本。除此之外，马克思主义交往理论还将人类社会的交往区分为物质交往和精神交往两大类，并指出后者归根到底是前者的产物。

概括而言，马克思主义的"社会交往"概念，就是指在一定社会历史条件下，人们通过实物、信息或意义的传递和共享达到相互理解和协调的行为，进而影响改变彼此关系的活动。这种活动其实就是一种交往实践活动。

（二）课堂交往的分类

在课堂教学情境中存在各种类型、层次的交往活动，它们往往具有不同的分类标准和考察维度。下面简单介绍几种主要的划分课堂交往类型的标准。

首先，从交往主体的角度进行分析，课堂交往可以分为师生交往和生生交往两种。其中师生交往是课堂教学交往的主要形式，它是指教师与学生之间交流信息、情感的交往过程，可以分为教师与学生集体间交往和与学生个体交往两种情况。无论在学校教育还是在课堂教学中，师生交往都占有很重要的地位，这是因为学校一切教育教学活动都要通过师生之间的相互交流、相互作用来实现[①]。所以师生交往对完成教育教学任务，促进学生社会化等都具有非常重要的作用。

也可以从交往主体发展的角度进行分析，包括补充性交往和对称性交往。所谓补充性交往，是指在交往过程中，教师起主导作用，使学生在经验、知识、理解等方面得到补充的交往形式。而对称性交往，则是指师生在交往中处于平等的地位，双方具有同等的权力。从学生主体性的发展程度来看，课堂教学交往是从补充性的交往向对称性的交往过渡[②]。

另外，还可以从交往方式的角度进行分析，主要包括单向交往、双向交往、多项交往和环式交往等类型。首先，单向交往是指如同我们传统课堂教学交往一样，信息由教师负责发送传递给学生，但学生没有或缺少机会将其接受效果以及有关反馈的信息及时回复给教师，造成了信息单方向由教师流向学生，而学生只能被动接受，课堂交往中缺少必要的互动。而双向交往与前者的区别就在于师生之间的信息是相互流动的，实现了真正意义上的沟通与交流。在一定程度上解决了学生的被动局面，激发了学生的交往热情，有利于融洽课堂师生关系的形成。多向交往是指师生交往和生生交往中实现了信息全面开放，多向传递的交往形式。多向交往中无论是教师与学生还是学生与学生都能进行轻松有效的沟通，使学生保持较高的交往积极性。环式课堂交往是目前国外极为倡导的一种课堂交往方式，其最大的特点在于教师的角色不再是教师，而成为学生集体中的一员，与他们共同进行活动。它最大的优势在于课堂教学更为民主，能够改善班级社会心理气氛。但是这种方式对教师的要求极高而且颇为耗时，[③] 在我国中小学教学实践中仍难以得到推广。

---

① 王红. 浅谈师生交往及策略. 中国教育文摘，2007.
② 李艳丽. 交往视野中的课堂教学研究 [D]. 长春：东北师范大学，2004.
③ 张希希. 论有效课堂教学交往 [D]. 重庆：西南师范大学，2001：51.

除了以上提到的三个主要角度，还可以从交往方法手段角度将课堂交往分为言语交往、非言语交往；或依据交往水平层次角度而划分为深层交往、浅层交往等。把握课堂交往分类的维度，能够帮助我们从多个角度更加全面地看待课堂交往这一十分复杂的教学活动。

◆ **资料库**

课堂交往的四种形式[①]

课堂交往是促进学生发展的一种重要手段，国外学者对课堂的教学组织给予较多的关注，其中最广为人知的有贝拉克（A. Bellaek）以及安得逊（R. S. Adams）和拜德尔（B. J. Biddle）在1960年代所做的研究。贝拉克通过观察和分析课堂对话提出四种"基本语言行动"——组织、诱导、应答和反应。

安得逊和拜德尔则提出课堂交往的三种形式：

（1）单向显性交往互动（Emiter—Listener）

（2）双向显性交往互动（Target—Target）

（3）多向显性交往互动（Audience—Player）

国内学者对课堂交往的研究主要有三类：第一类是理论探讨，从教育学、社会学角度探讨教学交往的重要性以及理想模式；第二类是实践经验归纳，从实践的角度对课堂教学的有效交往策略进行归纳；第三类是实地观察研究，从对课堂实际的观察、调查寻找我国课堂教学交往的特性。其中值得注意的是南京师范大学吴康宁等人在1995年所做的研究。通过对7所学校28节新授课做课堂观察，从课堂交往的时间构成、交往言语、交往行为与交往对象等角度分析，发现除以上三种交往形式，还存在一种单向隐性交往互动（Guide—Learner）的交往方式。

（三）课堂交往的意义

课堂交往与课堂教学活动总是紧密地联系在一起，我们可以认为前者是后者中最为重要的一部分，因此课堂交往具有多方面的意义和价值。课堂交往在对课堂教学活动乃至整个教育教学产生影响和作用的同时，也会影响其中的主体和主导者即教师和学生。所以可以从以下三个方面阐述课堂交往的重要作用和意义。

1. 课堂交往对学生的影响

首先，课堂交往作为教学活动的重要部分，对学生的发展起着至关重要的

[①] 高凌飚，赵宁宁，梁春芳. 课堂教学交往的观察研究［J］. 教育科学研究，2003（6）. 参编时编者有改动.

作用。一方面体现在促进学生个体的社会化发展，由于学生在学校的时间大部分是在课堂上度过，课堂教学交往就成为他们获得社会观念、经验的主要渠道。美国学者朱利斯·亨利曾指出："教学互动实际上是一种'多相'互动，即在同一时刻所交流的信息超过一种含义。因而在课堂中师生的互动在显性层次上是学科内容，而在隐性层次上还是通过信号、动作意义来交流价值。"[1]这就是说，在教师向学生传授知识的同时，其个人的思想、道德水平、文化底蕴、人格个性、价值观念等基本素质和修养会对学生产生潜移默化的影响。学生也是通过这种课堂上的师生交往，有意或无意地学习到一些社会观念和行为准则，并最终内化促进学生的社会化发展。另一方面课堂交往还能够促进学生智力和创造力的发展。民主的课堂交往环境中，学生得到教师的尊重和信任，敢于畅所欲言、提出问题，激发其学习的兴趣，促进了智力和创造能力的发展。

其次，课堂交往能够培养学生的社会交往能力。在课堂交往中，教师通过提问的方式，在检验知识传递效果的同时也为学生提供了锻炼语言表达能力的机会，或者通过小组讨论等活动促进生生交往中的语言沟通。除此之外，非语言交流在课堂情境中也十分常见，主要体现在生生交往中，因此教师可以通过课堂交往向学生示范正确的社交语言、非语言交流方式，矫正学生这方面的不良习惯，锻炼他们的社会交往能力。

另外，课堂交往影响学生的心理健康。学生作为社会中的个体，有被他人尊重、认可，获得成就等心理需要，而在课堂交往中尤其是师生之间的交往过程中，学生更加需求这种需要的满足。在教学实践中，学生往往能够因为教师的一个眼神、一句表扬批评等影响自己的情绪和心理状态。如果学生能够经常在课堂交往中获得赞美与支持，对于其自信心的建立，人际关系的加强等都有很大的帮助；反之，如果学生在课堂交往中经常处于被动接受教师的批评与指责，则会感到失落、挫折与孤独，严重时甚至会对教师、班级产生敌对情绪等。因此有效积极的课堂交往有利于师生、同学和谐关系的建立，维护学生心理的健康发展。

2. 课堂交往对教师的影响

课堂交往对教师的影响主要体现在对师生关系构建的影响。教师和学生作为课堂教学活动中的两大主体，他们之间的关系对教学活动的效果和质量有重要的影响。良好的师生关系能够保证课堂教学活动顺利进行并实现效果，同时积极的课堂交往又是建立平等、和谐师生关系的主要途径。在有效的课堂交往中，教师能够了解学生真正的想法，这是理解、尊重学生并进一步因材施教的

---

[1] 周浩波,迟艳杰.教学哲学[M].沈阳：辽宁教育出版社,1993：142.

基础，而学生也会因为轻松积极的沟通交流，对教师产生亲近感，促进和谐师生关系的建构。

3. 课堂交往对教育教学的影响

首先，加强课堂交往能够提高课堂教学的效率和质量。教学效果的实现离不开课堂中师生之间的交往互动，有效的课堂交往不仅能够保障信息的顺利传递，还有利于营造轻松、自由的课堂气氛，激发学生参与学习活动的兴趣，更加积极的信息的接受与反馈，促进学生认知、技能或情感态度等产生变化，获得发展。而学生的积极参与又能刺激教师的授课热情，教师投入地教，学生主动地学，这样的课堂教学必然是高效率、高质量的。

其次，课堂交往还对教学模式具有一定的影响。近些年来人们逐渐认识到传统的交往模式中单边的活动观忽视了学生的主动性，进而提出了"教学是师生之间的双边活动"的教学观命题，但这种双边活动模式仍不能充分地反映课堂教学的复杂本质。这种理念关注于教师与学生之间的相互影响，而忽视了学生与学生之间的相互影响。事实上，课堂情境中，教师在课堂上一切行为几乎都发生在同伴群体的相互作用中，因此应该把教学置于一个更广阔的背景上，充分利用教学中的人力资源，形成人际交流的立体网络，才能最大限度地增进课堂教学活动的效果。

二、学生课堂交往的差异

师生交往是课堂交往中最重要的交往活动，由于其特殊的社会地位和权威，教师通常扮演交往的发起者和支配者的角色。在传统教学中，就因为过于强调教师在课堂交往中的主导作用而忽视了学生作为课堂交往主体的重要作用，造成学生只能被动接受的局面。实际上，学生的交往行为在课堂师生交往中占有十分重要的地位，而且即使处在同一课堂情境中，不同的学生也会在交往活动中表现出极大的差异性。

（一）主体造成的学生课堂交往的差异

学生课堂交往主体差异出现的原因主要可以从其生理条件和心理状态两方面来分析。

1. 生理方面影响因素

首先，不同年龄、不同学段的学生具有不同的交往特征。在小学生的各种交往活动中，教师和家长会对他们起到很大的引导作用，小学生常常会模仿教师和家长的交往行为。而中学生进入了青少年时期，对与教师之间交往的依赖性逐渐减弱，更多地倾向与同龄人和同学之间的交往，但在课堂交往中更加渴望得到教师的称赞及其他人的认可，甚至还希望引起异性的关注等。

除了年龄，学生在课堂上的行为与其性别也有很大关系。对于不同性别的学生，课堂交往的传统印象总是认为，在课堂上男生比女生主动、逞能、独立性强，喜欢发表不同的见解，同时经常犯错，更富于攻击性，注意力较难集中。而女生则遵守课堂规则，安静、细心，能较长时间地坚持听讲和学习。她们渴望得到教师的喜欢和认可，因此经常和教师保持经常的视线接触，积极配合教师的教学。但已有研究进一步提出"男女学生在课堂教学中的被动回答、自主提问交往行为方面存在显著的性别差异，但在主动回答方面没有"。这并不是对性别差异的否定，研究者认为男生和女生同样的主动回答行为具有不同的动因，如男生是为了表现自己而女生可能是为了讨教师欢心等。所以性别差异在学生课堂交往行为中明显存在而且起着重要影响。

2. 心理方面影响因素[①]

每个班级中，都会形成以学生为中心所形成的社会关系，而学生个体在其中的位置和角色对学生自信心的建立及性格的形成都会产生影响，进而影响学生在课堂交往中的心理状态。还有研究表明，不同角色定位还影响学生的自我预期，如在班级中担任干部的学生和一般同学更期望自己能与教师合作，在各方面都取得优秀的成绩。因此他们在课堂中的交往活动会更加积极主动，得到成就感的机会也就增多，继续激发其进行课堂交往的热情。所以学生在班级社会关系中形成的心理特性会影响其在课堂交往中的表现。

而学业成绩是影响学生在课堂交往中心理状态的最主要因素。在班级中，学生之间的成绩必然具有一定的差异，不同成绩水平的学生在课堂交往中会呈现出不同程度的积极性、自信心等。成绩好的学生对与教师的交往更有自信，而且渴望得到教师更高的赞许，所以他们会设法多与教师进行交往，如主动回答问题、提出问题等。而成绩较差的学生虽然同样希望得到教师的认可与称赞，但是对于自身成绩的不自信使其对师生间的课堂交往感到畏惧、消极甚至反感，这导致他们被动接受甚至主观上躲避与教师的交往。

◉ **资料库**

学生课堂交往心理规律

（1）首因效应与近因效应

[①] 程晓樵，吴康宁，吴永军，等. 学生课堂交往行为的主体差异研究 [J]. 南京：南京师范大学学报：社会科学版，1995（3）：78.

首因效应是指首次交往时彼此产生的第一印象对后继交往行为和关系的心理影响。对一个人的第一印象，往往能成为一种定势，影响以后对他的长期印象。他人的仪表、风度、身材、表情、谈吐、年龄、衣着等，是构成第一印象的重要因素。所以，教师应注意给学生留下一个好的第一印象。关于首因效应有两种解释：一是认为最先接受的信息形成的原始印象，构成核心知识或记忆图式，后来的信息被整合到已有的记忆图式，新信息就具有先前信息的色彩；二是认为最先接受的信息受到更多的注意，而后来的信息容易受到忽视。

近因效应是指最近交往过程中所形成的印象对双方关系的重要影响。例如，教师对某个学生的第一印象不好，而新近获悉他乐于助人，为人正直，因而由坏感变成好感，这就是近因效应的作用。

（2）晕轮效应

晕轮效应是交往时对人的某些品质、特征形成了较深刻的印象后，掩盖了对人的其余品质和特征的知觉。这是一种以点概面、以偏概全的倾向。一般说来，对人的某些重要品质的好印象，会促使人对其作出总体上的判断，即"一俊遮百丑"，而对一个人的重要品质的坏印象，会促使人作出总体上坏的判断，即"一坏百坏"。

（3）标签效应

标签效应亦称评定效应。指不准确的评断对后继交往行为和关系的心理影响。交往中的一方，尤其是团体，若对另一方作出不正确、不准确的断定之后，将产生"概括评解"和行为导向的心理功能，使自己与他人对被贴签者持相应的态度与采取相应的行为。如对"疯子"的评定，人们通常认为"症状难以治愈，行为异常，不发病时也是如此"。

（4）归因效应

归因效应是指将需求未能实现的原因一概归为客观，将需求得以满足的原因归为自己。在交往中，个体若将需要不得满足的原因，一味责怪对方或他人，将受到归因效应的负向影响而产生"酸葡萄心理"，认为不是自己吃不到而是因为"葡萄酸"。归因效应的正向影响产生"甜柠檬"心理，认为自己所以去努力争取是因为"柠檬甜"。

（5）社会促进效应

社会促进效应又称观众效应，是指他人在场对个人行为的心理影响作用。阿尔波特对"单独行动"与"有人在旁"的学习态度的差异进行实验分析。结果发现，在交往情境下，个人的工作、学习更为努力，效果也更好，于是他们将此定为社会促进效应。观众效应受心理承受能力与作业熟练程度的影响，如果心理脆弱或技艺不熟练，往往因为内心紧张而出现水准失常，这是他人在场的负效应。

要教育学生防止人际偏见。第一印象使人际认知带有表面性、产生片面性。光环效应使人产生对他人认识和评价的心理定势，使人的认知带有主观臆断色彩。刻板印象会造成偏见、成见，给人际关系造成不必要的伤害。近因效应使人对最近了解的东西占优而掩盖了对该人的一贯了解。自我投射会以己度人、强加于人，以自己的好恶要求人，对自己喜欢的人看优点多，对自己厌恶的人看缺点多，把自己的愿望投射到他人身上，出现猜疑心理。要防止学生发生交往方面的心理问题。如恐惧、自卑、孤僻、封闭、自傲、嫉妒、逆反、猜疑等。

作为教师要在课堂交往中培养和提高学生的人际沟通能力，首先就要了解学生课堂交往中的这些心理特点。其中包括：进行与一个人或更多的人进行简单交流的技能训练；进行自信心训练，包括交谈技能、异性交往技能训练等；进行社会技能训练，包括视觉、听觉及身体的行为反应训练；利用沉默、提问等方式促使对方给予信息的技能训练；给予对方信息的技能训练；利用评价、请求和劝说等形式进行改变他人行为的技能训练；解决共同问题的训练等。

（二）教师造成的学生课堂交往的差异

我国学者也将课堂中师生交往行为归纳为四种，即提问、答复、要求、评价，其中"提问、要求、评价"属于教师的交往行为，可以说教师的课堂交往行为在课堂师生交往中占据主导地位，决定了课堂交往的方向、氛围和效果等。所以学生的课堂交往很大程度上受教师课堂交往的影响，这种影响也造成了学生课堂交往中的许多差异。

教师交往行为能对学生课堂交往产生最大影响的主要原因在于教师具有交往机会的决定权。虽然理论上教师课堂交往行为对象包括学生的个体和群体，但在实践中，仍主要以个体为单位进行课堂交往。这就导致教师与学生之间处于"一对多"的不平衡状态，但教师主导者的地位决定了教师能够主动地选择其课堂交往的对象，而学生虽然是课堂教学的主体，却不能轻易依照自己的意愿进行课堂交往活动。学生主体的差异影响着教师对交往对象的选择。有人对课堂中教师与学生的言语交往行为（即直接对话）与其行为对象的关系进行了研究，发现不同于传统的观点，学生性别上的差异并不影响教师交往对象的选择，但是对于不同角色、职务和不同成绩水平的学生群体，教师在选择交往对象时则存在明显的差异。[①]

---

① 程晓樵，吴康宁，吴永军，等. 教师课堂交往行为的对象差异研究[J]. 教育评价，1995(2)：11.

◆ 同行支招

用"眼睛"叫学生发言[①]

我的学生小 W 是一个热情，比较活跃，各方面都比较好的同学，但是他上课就是不喜欢回答问题，每次我提问的时候他总是把头低下，生怕我问他似的。对这样的学生我平时更多地给予关注，上课讲课的时候总是有意地将关注的眼神投向他，每讲完一段内容我更多地瞅着他问全班同学"会了没"，直到他给我肯定的答案我才会继续讲下去。在提问的时候，尽量鼓励他回答，如讲到古诗的时候，诗的意境、作者的思想感情等比较灵活的问题我都用微笑、宽慰、期待的语句来鼓励他回答，"哪怕一点点、理解一个字都可以说，说错了没关系，老师不批评你"。一旦他鼓起勇气回答问题，我总是带头给他以掌声并夸奖他"你这次说的很正确，表现很好"来给他信心。

正是这位教师关注的眼神、鼓励的目光帮助学生勇敢地回答问题，积极参与课堂交往。这说明教师对不同学生的关注程度会导致学生在课堂交往中的不同表现，得到教师鼓励的学生可能表现出踊跃发言、积极思考等特点，而被教师忽略了的或缺少教师鼓励的学生则可能消极地接受课堂教学，导致学习兴趣的降低等。

同样的情况在教学实践中不胜枚举，说明教师的关注和期望能够促进学生更积极地参与课堂交往。尤其对于渴望参与课堂交往但自信不足的学生，一位擅长正面引导的教师，能够通过让其感受到被鼓励、被期待来提高他的自信和勇气。可惜的是，学生主体特性也影响教师期待的确立，如有的教师认为男生更聪明，因此在解决较难问题时更关注男生或是优等生能得到更多教师鼓励期许的信息，普通学生则被忽略等。而且在教师期待的确定和表达过程中，应充分考虑不同学生的需要和特性，充分激发学生课堂交往的潜力。

另外，教师的一些行为习惯也会影响学生的课堂交往，如某教师讲课时喜欢站在教室的左侧，与左侧的同学充分互动的同时处于教室右侧学生的交往活动就会相应减少等情况也需要教师在课堂教学中引起注意。

◆ 小贴士

教师课堂活动习惯小测验[②]

画一张包括教师用具设施的方位图，选一堂你可以随意走动辅导学生而学

[①] 资料由东北师范大学附属小学谭慧老师提供。

[②] Vernon F Jones, Louise S Jones. 全面课堂管理：创建一个共同的班集体 [M]. 方彤，罗曼丁，刘红，等译. 北京：中国轻工业出版社，2002.

生只需坐着听课的课程，请你的同事到这堂课来至少呆半个小时，画下你的走动路线，在你停留的地方写下个数字。如果你在原地呆着不动，每隔15秒就在这个数字旁画上一个记号。

看过你的活动路线后，思考以下问题：
1. 在哪个位置你停留的时间最长，哪个位置最短？
2. 你忽视了哪些学生？是什么原因造成这种忽视？
3. 是否是教室的布置影响了你的走动路线？是怎样影响的？
4. 在同样的课程中，如果可以改变走动的路线，你会做什么样的改变？
5. 如果可以改变教室的布置，你会做什么样的改变？

（三）物理环境造成的学生课堂交往的差异

在课堂中的物理环境因素主要是指学生座位，目前国内外比较常见的教师座位排列方式有行列式（即秧田式）、圆桌式以及与圆桌式相近的"半圆型"、"椭圆型"、"马蹄型"和由之变化而来的V形、T形、小组排列等。不同的座位排列形式会对课堂交往起到不同的影响，我国中小学校的座位排列目前仍以行列式为主，这种整齐的排列方式适合传统的教师讲授、学生接受的课堂教学方式，但对于其他层面的课堂交往如师生、生生间的沟通交流等都有很多阻碍，如出现"前排效应"等。而如圆桌型等编排方式则在空间特性上消除了教师与学生之间的主次之分，促进平等的师生关系形成，营造自由的课堂氛围，使学生更积极地与教师、他人进行有效的交往活动。有的教师在自己的研究中写到：某中学各班级，学生第一排课桌紧贴讲台，讲台与黑板间只有一人之距，仅容教师转身。教室的最后一排，学生贴墙而坐，学生入座需抬腿跨进座位，无法走进座位，上课起立时，学生均屈腿而站。班级人数70左右，座位分为3行11或12排，由前向后排列。"[1]

上面的材料生动地展示了我国中小学中物理环境的严峻形势，行列式成为学校中座位排列的主要方式，这是由我国学生数量多，班级规模大的实际情况决定的，尽管我们无法立即从根本上解决这个问题，但教师还是可以随着课程的需要而灵活改变桌椅的摆放，做到"因课而异"，最大限度地为学生进行更好的课堂交往提供有力的物理环境支持。

---

[1] http://second.hainnu.edu.cn/yuanxisz/cdjy/jpkc/news_view.asp?newsid=90.

三、课堂交往中师生关系的建立

◆ 小贴士

"学生对教师的信赖,师生之间的相互信任,孩子在教师身上所看到的人道典范,这些都是基本的,同时也是最复杂、最明智的教育规则,教师掌握了它就能成为真正的精神导师。"

——苏霍姆林斯基

"教育、教学活动重要的不仅仅是有益于发展的一般气氛,把教育者与儿童联系在一起的具体的人际关系也同样具有重要意义,或许更为重要。"

——O·F·博尔诺夫

"教师把学生当做心灵的知己,学生就把他视为眼中的'情人',课堂上就会情愫飞扬,智慧链接,意蕴纵横。"

——一位语文教师在博客中写到[①]

(一)师生关系的涵义

师生关系是课堂交往中最基本的关系,是教师与学生在教育活动过程中相互影响、相互认识、相互交流而形成的一种复杂关系。课堂交往是师生关系形成的主要渠道之一,师生关系也对课堂交往以及课堂教学活动的效果起着重要的影响。

对于师生关系的理论研究经历了"教师中心"到"学生中心"的转变,但是这两种观点都是将教学过程中的师生关系绝对客观地理解为"主体—客体"关系,而非主体间的"人与人"的关系。[②] 这种理解明显受到二元对立思维的影响,使教师主体和学生主体相互对立起来。

经过"将学生视为客体的物"及"将学生视为客体的人"两个发展阶段后,人们逐渐认识到这种理论忽视了教学交往中的平等性和教育性。师生的交往关系比单纯的人际交往更复杂,因而这种交往关系不仅仅是双方精神世界的相互作用,还包含着知识、思想的传达、接纳和了解。[③]

而在课堂交往中,教师的职责是"传授知识、教育学生",而"学习"则是学生在学校中的工作。课堂交往中的师生关系是建立在教学活动的基础上,

---

① http://wuyaojin.blog.zhyww.cn/archives/2011/20113138159.html.
② 李军. 基于后现代语境的师生关系 [D]. 济南: 山东师范大学, 2006.
③ 杨秀芹. 悖离与超越: 也谈教学中的师生关系 [J]. 师资培训研究, 2001 (4).

所以师生关系具有"平等不对等"的特点。首先,"平等"是指教师和学生处于平等的地位,能够彼此尊重理解。此时教师是作为课堂交往参与者之一,只在适当的时机提供引导和补充,课堂交往也就成为师生共同寻求真理、相互促进的过程。而"不对等"是根据课堂教学的要求而提出的,教师要在课堂交往的师生关系中保持自己的威望,这样才能保证课堂交往的纪律和秩序。这里所说的威望不是指权威,也不由教师行政权力的大小所决定,而是学生对教师的积极评价,对教师名望、声誉等崇敬的程度。只有真正意义上的"威望"才能使学生感受教师的人格魅力,并在交往过程中,获得教师威望潜移默化地影响,这还是一种持久性地影响。最后师生关系中还要突显学生的主体性。

无论对于整个教育教学还是教学中的课堂交往,师生关系都具有重要的意义。这主要是因为教师对评估学生学业以及控制课堂负有主要的责任,同时他又是学生生活中最具影响力的成人形象。因此良好的师生关系能够全面地影响学生的动机、成绩和行为等,优秀的教师不仅应该了解这种影响的根源,更应该有效地利用它辅助课堂交往活动。

◆小贴士

良好师生关系的标准[①]

戈登(1947)在《教师技能训练》中写道,良好的师生关系应具有以下性质:

1. 开放性或透明性,师生之间可以直言不讳、坦诚相见;
2. 关爱性,师生双方都感到被对方看重;
3. 依存性,师生双方相互依靠(而非依赖性);
4. 独立性,师生双方都允许对方发展自己的独特性、创造性及个性;
5. 互惠性,师生双方决不以牺牲对方的需要来满足自己的需要。

(二)尊重是良好师生关系的基础

在课堂交往的师生关系中,教师的角色地位决定了学生大多对教师充满尊敬之情,因此教师对于学生的尊重就更具有研究的意义。

尊重学生,是指把学生看做具有独特个性的人,而不是一个学号或一个客观的对象。想要促进学生积极主动地参与课堂交往,与教师建立良好的关系,以尊重为前提行事是必要的基础。课堂中教师对于学生的尊重主要可以表现在

[①] Vernon F Jones, Louise S Jones. 全面课堂管理:创建一个共同的班集体[M]. 方彤,罗曼丁,刘红,等译. 北京:中国轻工业出版社,2002.

以下几个方面①：

1. 重视、理解学生的需要和态度

教师对学生的尊重首先是重视和理解学生的需要和态度，这是学生学习以及个性发展的动力源泉，而且学生的需要和态度需要得到教师的认可才能为其发展提供动力。所以教师要在课堂交往中肯定并接纳学生合理的需要，并为满足其需要提供帮助和支持。教师应尤其注意，成绩较差或课堂交往中处于边缘的学生往往具有强烈的对尊重的渴望，如果能及时地给予需要的满足，就有可能改变他们对学习和教师的消极态度。

格拉瑟在《优异的学校：无强制的学生管理》一书中说道："我从许多学生那儿得知，优秀的教师是这样的教师：他非常关注学生和教学；他通常是引导课堂讨论，而非一人讲授；他通常与学生打成一片，而非高高在上，学生感到与他沟通自如；他不会威胁或惩罚学生，他尊重学生胜过学生尊重他。"研究者通过对优秀教师行为的描述揭示了尊重学生的本质内涵，除了简单关爱、和谐的人际关系的创建，教师真正将学生看做有价值的独立个体，所以为学生提供参与课程教学决策的机会，努力了解学生的真正想法，为全部学生提供体验成功的机会。相反，在我们的教学实践中又有多少看似"温情四溢"实际上却抹杀了学生价值的教学活动。而研究者克莱因菲尔德（Kleinfed，1972）在其分析教师与刚搬迁到城市居住的爱斯基摩和印第安学生之间的互动关系时记录了这样一段话："激发印第安和爱斯基摩乡村学生取得高水平的治理成就而采用的教学方式，关键是教师同学生创建一种极为热情的个人关系，并不断地要求学生达到自己确认可以达到的学习水平。这样达到教师的学业要求就成为学生加强这种个人关系的必须履行的一种礼尚往来的义务。"② 在研究中她发现能有效教育这些学生的教师既对学生表示个人的关心，也对学生提出严格的要求。建立合理师生关系时，除了尊重满足学生的需要，教师要坚持一定的原则，对待不合理的要求和态度，不能为了维持与学生之间的和谐关系而包庇纵容。学生不合理需求一旦得到认可，可能会与合理要求得不到重视时一样，造成学生不良的发展。

2. 为学生提供关爱与积极期望

教师的关爱与对学生的积极期望有利于良好师生关系的建立，而且能够有

---

① 吕颖. 尊重的内涵及对学生发展的影响：兼论小学生对尊重的理解、情绪体验和归因 [D]. 南京：南京师范大学，2004.

② Vernon F Jones，Louise S Jones. 全面课堂管理：创建一个共同的班集体 [M]. 方彤，罗曼丁，刘江，等译. 中国轻工业出版社，2002：67.

效地促进学生的发展。著名的"皮格马利翁"效应阐述的就是这个道理。而教师的关爱和积极期望与其对学生的尊重是紧密相联的,因为有了尊重所以教师能够积极无条件地认可和接纳学生,承认学生的独特价值;因为有了尊重所以教师将积极期待建立在对学生的充分了解之上,提供符合每一名学生发展水平的合理期待。

研究表明,不同的期望能决定教师对待学生不同的态度,如高期望的学生失败时,教师情愿花费更多的时间和精力帮助该学生取得进步。[①]所以经常受到教师积极期望的学生,认为自己是获得教师积极接纳和认可的,对其自尊、自信的建立等都有正向的影响,也最容易获得进步。而教师的期望过高或者过低都不利于学生的发展。

3. 为学生提供情感支持

情感支持是指教师在与学生的日常交往中能以多种方式关爱、尊重、理解、接纳和支持学生,以此为他们在认知、社会性、情感、人格等方面的健康发展提供良好的心理背景。教师对学生的情感支持是建立和谐师生关系,取得良好课堂交往效果的必要条件之一,它影响其他促进学生发展的途径的作用发挥。

对学生的情感支持是教师尊重学生的重要内涵之一。学生尤其是处于成长关键期的青少年,需要这种来自于教师的情感支持来满足他们对积极关注的需求,也正是这个需求使学生服从教师,缺少了教师的积极关注,他们就无法发展出对自己的积极关注。所以教师对学生的尊重必然包含着对学生的情感支持。

◆ **案例**

一个特别的孩子[②]

我们班有一个特别聪明的孩子,真可谓是绝顶聪明。但是行为习惯特别不好。上课坐不住,1—2年级的时候就在地上爬,3年级以后能够短时间地坐在凳子上,但是也常常注意力不集中。不感兴趣的就不听,自己画画、折纸。但是他又能够把知识不知不觉地都学会了。如有一次数学教师出奥赛题时,全班同学都不会,他就从地又爬起来了,说"我会"!看他做,果然都对。其实这孩子1—2年级就是经常爬,现在又经常蹲着。他经常把周围的一片地方都弄得特别乱,他的情绪非常容易受到影响,从而直接影响他的学习状态。如在答

[①] 陈爱苾,高明书.教师期望应有利于促进全体学生的发展[J].北京教育学院学报,1999(2):44—49.

[②] 资料由东北师范大学附属小学姜坤老师提供,吴林整理.

题时他的笔被同学碰掉了，坏了，他心情不好了，这张卷子他就不答了。而且这个孩子还有一个很大的缺点：特别的自私、自我和任性。有一次他拍着球在校门口玩儿，其他老师让他去其他地方玩儿，怕有校车经过不小心碰着他。他就反问："车在哪呢？没有车啊？"老师没办法只好问他："你这球还要不要了？"他说："要啊，我的球我为什么不要？这个球从它的皮到里面的空气都是我的，我为什么不要？"对待这样的孩子，我想首先得多跟他沟通，让他知道老师很关心他，很喜欢他，建立一种亲密的关系，这是教师组织课堂、进行教学、处理课外时间等一切最基本的。然后鼓励非常有效果。在他情绪激动时，我叫他过来跟我沟通："你说老师最喜欢谁？"他内疚地哭着说："我！""那你这么做对得起老师吗？""对不起！老师我知道怎么解决，我自己的事我自己解决……"只要跟他建立起相互关注、相互信赖的亲密关系，他愿意跟老师沟通，情绪激动的时候慢慢开导，他最终还是能够平静下来，认识到自己的错误并改正过来。

在教学实践中确实存在一些特殊情况的孩子，如上述这种学习能力超强但性格存在缺陷，或者学习能力上有困难的学生，教师应给予理解和宽容，在课堂交往中提供关注和情感支持。用教师的真挚情感和人格魅力影响学生个性、人格等向健康的方向发展。

4. 保证对学生的教育公正

教育公正强调教师在与学生进行课堂交往过程中，公正平等地对待每一名学生，尽量为学生提供平等的关注、关心及交往机会，保证每一名学生都获得应有的学习资源与合理的评价指导。教育公正不仅体现了教师对学生的尊重，同时也是教师对自己、对教师职业的一种尊重。

教育公平中体现的是教师克服对不同特点的学生产生的不同情感态度，在尊重每一名学生的基础上，肯定他们，并客观地对其进行评价，这一点有利于学生的未来发展。

对待学生的公正态度能够使学生对教师产生亲切感和信任感，这都是建立良好师生关系的基础。在目前的课堂教学中，尽管教育公正理论得到了教师的广泛接受，但是教育资源的短缺使得教师没有能力做到真正意义上的教育公平。

（三）利用有效的沟通建立课堂中的师生关系

建立良好的师生关系方法有很多，如真诚地对学生赞美和鼓励，全面地对学生进行了解，创造与学生亲密接触的机会，等等。而在课堂交往中我们又能从哪些方面来努力促进良好师生关系的形成呢？课堂教学活动作为师生之间最重要的活动，其主要的活动内容就是教师与学生之间信息的传递与沟通。因此在课堂交往中有效的沟通影响师生关系的构建，所以教师沟通技能的提高就促进了良好师生关系的形成。

1. 在与学生交往沟通时应考虑学生的环境背景

这一点无论在课堂内外都对师生之间的沟通和关系形成十分重要，教师需要全面地了解学生的家庭背景情况以及过去的学习经历等，并能敏锐地察觉学生的交往偏好和沟通模式。这样才能确保学生在与教师的交往中是自然而舒适的，一旦学生对教师的沟通方式感到迷惑不解或难以适应，必然会影响和谐师生关系的形成。

2. 在课堂交往中注意与学生沟通的技巧

首先，与学生的沟通具有及时性。在课堂交往中，要时刻关注学生的感受，通过与学生及时的沟通，了解学生的思想动态。根据沟通情况调整自己的课堂交往策略和教学策略，这样才能提高教学效果，同时与学生及时进行沟通还可以使学生时刻感受到教师的关注，激发其参与学习的积极性。

在沟通的形式上，教师要注意语言的礼貌性，很多老教师并不在意在与学生沟通中使用如"请、谢谢"等礼貌用语，在他们看来学生和自己的孩子甚至孙子一样，按照中国传统的伦理而言也无需使用客气的语言。但是课堂交往是一个特殊的情境，在其中教师与学生之间处于平等的地位，没有辈分之分，而且教师对于礼貌用语的使用也为学生学习沟通礼仪作出了良好的示范。

另外，教师在与学生沟通时，应保持语言信息与非语言信息的一致性，如果教师一边与学生谈话，一边却不时地看手表，会使学生感觉教师的沟通不真诚，伤害师生关系。

在教师与学生的课堂沟通中，注意主语人称的选择。一名学生扰乱了课堂纪律，教师如果以"你"为主语说"你怎么又在捣乱"或"你快点认真听课"等，使沟通中充满责备的含义，学生也可能因为受到指责而受到伤害；如果以"我"作为主语，告诉学生"我说话时你也说话，我觉得不舒服"则能使学生意识到他给别人造成影响的事实；还有教师会选择"我们"作为主语，但是这相当于假借全体的名义来责备学生，学生会觉得自己成了众矢之的，容易感到委屈和不平。[①] 因此教师在进行沟通时应多以"我"作为主语，表达个人的意见和感受，这样能使学生觉得受到尊重，与教师处在平等的地位上，而不再是

---

① Vernon F Jones, Louise S Jones. 全面课堂管理：创建一个共同的班集体［M］. 方彤，罗曼丁，刘红，等译. 北京：中国轻工业出版社，2002：90.

被管束的对象。

3. 为学生提供具体详尽的反馈信息

课堂交往中教师一个最为重要的沟通活动就是为学生提供反馈，而且这种反馈最好是具体的、清晰的、详尽的。这样才能帮助学生明确清楚地认识自己的学习结果，并且在反馈中引导学生将结果成败归因于努力，使他们对未来相同情景下取得成功产生预期并付出努力。

4. 学会倾听学生的意见

倾听对于教师与学生的课堂交往是十分重要的，教师的倾听能使学生感到在师生关系中得到了关注、尊重和认可。而教师可以通过倾听帮助学生解开心中的疑惑，梳理自己的感受，可实际情况并不尽如人意，教师总是过快地给出解决问题的答案，而忽略了仔细倾听学生吐露自己问题的过程。

教师越是专心倾听，学生就越容易深入思考或反省。当学生没有说完不要急于给予他们意见，而应该给学生一定的时间来充分抒发自己的情感和意见。另外，倾听学生的谈话也是建立课堂交往中开放自由师生对话的基础。

◆ 小贴士

积极反馈应具有的三种特点[①]

奥利里（O'Leary，1977）等人提出，有效的反馈（表扬）应具有以下三种特点：

1. 情境性，表扬必须紧跟在良好行为之后，不能滥用；
2. 具体性，师生双方都感到被对方看重；
3. 可信性，反馈应该因人因事而宜。

◆ 资料库

"师生亲密接触"之策略集锦[②]

给学生写信或纸条：

在开学初，给学生写一封亲笔信是建立亲密师生关系的有效方法。在每一名学生的课桌上放一封别具一格的信，信中告诉学生你很高兴他们成为你班上的学生，很想了解他们，并表示你对新学年的到来感到非常开心。教师也可以在适当的时候，如当学生为某事发愁时或学生过生日的时候，通过写纸条或写信的方法传递你的想法和建议等。

[①] Vernon F Jones, Louise S Jones. 全面课堂管理：创建一个共同的班集体 [M]. 方彤，罗曼丁，刘红，等译. 北京：中国轻工业出版社，2002.

[②] Vernon F Jones, Louise S Jones. 全面课堂管理：创建一个共同的班集体 [M]. 方彤，罗曼丁，刘红，等译. 北京：中国轻工业出版社，2002.

使用建议箱：

学生一般认为教师对他们在课堂上的想法没有兴趣。但是我们应该让学生意识到，他们对于创建合适的课堂环境有重要的意义，可以安放一个建议箱，鼓励学生拿出各种改善课堂交往、课堂环境等问题的主意。不记名的提出意见也能使学生减轻对后果的担心，更加积极参与课堂建设的讨论。

参加体育活动：

学生非常乐意教师能够参加他们的体育活动，作为教师，在休息时间能够偶尔与学生共同玩耍是体现其人情味和喜爱学生的最好方法。教师参加体育活动不仅能增进师生关系，也是自我放松的好机会。

制作生日卡：

生日对于孩子来说是一个有特别意义的日子，教师在孩子过生日时送上亲手制作的生日卡，可以说是一个让孩子感到高兴的好办法，除了写上一些祝福的话，还可以赞扬孩子学习和行为上的长处或提出期许。

四、课堂交往与课堂环境构建

杜威曾对美国课堂有过这样的描述："如果我们留心看看一般的教室，例如按几何图形排列着一行一行的简陋的课桌，紧紧地挤在一起，很少有移动的余地；这些课桌的大小几乎都是一样的，仅能够放置书、笔和纸；另外，有一个讲台，一些椅子，光秃秃的墙壁，还可能有几幅画。"而时至今日我国的中小学课堂中仍大部分是这样的情形。在课堂生活中，学生被限制在一个狭小的空间内，桌椅基本上是按"秧田式"排列，学生只能规规矩矩地坐着，自由受到严重的束缚。

一般认为课堂环境由课堂物理环境和课堂心理环境构成。物理环境是指课堂中的物质条件，包括光线、温度、色彩、设备、空间布局、绿化美化、座位编排等。课堂心理环境是指师生相互交往表现出来的相对稳定的知觉、态度、情感和体验。[1]

（一）课堂物理环境

课堂物理环境是课堂交往活动顺利开展的物质条件和基础。良好的课堂物理条件首先要具有干净整洁的教室、齐全先进的教学设备，还要求教室空间包

---

[1] 陈欣. 积极的课堂环境及其创设［J］. 教书育人，2003（6）.

括桌椅的排列、物品的摆放、墙壁布置等都有利于师生的交往和发展，不仅仅在于保障学生的安全和健康最好能够具有潜移默化的陶冶、感染作用。另外，教室的采光、温度的控制、色彩的选择与搭配都要符合一定的科学标准，遵循一定的心理学规律和原理。而且在课堂物理环境创设过程中要为学生提供丰富多彩的适宜刺激。心理学研究表明，拥有丰富刺激的情境中，人表现为更多的智力活动。只有这样才能发挥物理环境的积极影响，使其有利于师生交往活动质量的提高，发展学生的心智。

课堂物理环境中对师生交往影响最大的就是座位的编排。如同前文中提到的，不同的座位编排方式会影响师生关系的建立、学生的课堂交往表现及学习动机、态度等多个方面。各种常见的排列方式也都各有优劣，即使是现在备受推崇的"圆形排列"在促进学生召开讨论等交往活动的同时也减少了学生间对视的机会。因此，教师还是应该根据不同的课程内容和教学方式等，结合各种排列方式的特点，灵活地设计座位编排。同时任何一种编排形式都应该定期地进行座位的轮换，以消除教师的某些课堂行为习惯造成的"课堂交往盲区"，如教师习惯性的用右手点出发言的同学，就可能在无意识的情况下减少了左手侧学生的课堂交往机会。而"按成绩排座"或将优等生放在前排等实践中出现的偏差行为，都严重地伤害了和谐的师生关系，不利于良好课堂环境的构建，应在教学中注意避免。

除了来自课堂内部的物理环境，课堂所处的自然环境和社会环境也对师生交往活动有一定的影响。在不同地域、民族环境中形成的课堂一定具有不同的特点，这也属于物理环境层面，同样学校的校风学风、校园文化建设等也浸润、熏陶着教师与学生的课堂交往活动。

◈ 小贴士
美国小学课堂教室环境略览[①]
美国中小学教室内的环境布置和我国有很大的不同。
(1) 教室虽然布置紧密，但有明显分区。（图1）
(2) 橱柜中整齐地摆放着供学生阅读的书籍。（图2）
(3) 教室四周都被充分利用，墙壁上贴满了图片、表格、地图。（图3）
(4) 投影机、展示台是移动的。（图4）
美国中小学教室环境的布置，应给我们很大的启发，我们那些苍白的、单调的、冰冷的、乏味的教室环境布置应该换换样式啦！

---

① http://blog.xxyw.com/u/15353/33195.html. 参编时编者有改动。

图 1

图 2

图 3

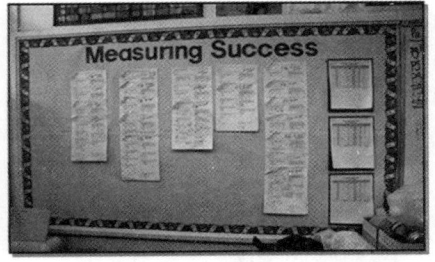

图 4

（二）课堂心理环境

国外研究者认为课堂环境与课堂气氛是两个可以交换使用的概念，这里所说的课堂气氛是指课堂心理气氛，可以将其看做课堂心理环境中的一部分。

课堂心理气氛则是师生在课堂教学过程中，由多数人相互作用而形成的带有情绪色彩的课堂心理环境。它影响着课堂上师生的思想与行为，影响着教学效果和学生个性的发展。教学研究和实践表明，课堂心理气氛可分为以下四种基本类型：

（1）积极、民主的心理气氛。学生求知欲强，学习热情高，有浓厚的学习兴趣，生动活泼，思想活跃，师生关系、同学关系和谐、民主、平等，师生都有愉快的情绪体验。

（2）消极、冷漠的心理气氛。学生缺乏求知欲与学习兴趣，态度消极被动，师生关系不协调、冷漠，课堂气氛沉闷。学生不能积极地思考问题，对教师不满意，厌烦，恐惧，心理上受到压抑。

（3）从众的心理气氛。课堂上学生的从众心理气氛，既有积极作用，也有消极作用。由于学生会产生从众行为，通过倡导和培养良好的课堂气氛，来改变学生不正确的态度或行为，对个体将产生积极作用。如果是一个课堂心理气氛不良的班级，也会使那些意志薄弱的学生随波逐流，使学生的行为向不良的方向发展，对个体产生消极作用。

（4）失控的心理气氛。师生关系紧张、对立，教师已经基本失去了对课堂心理气氛和师生行为的控制。例如，教师不能按计划进行正常的教学活动，不能控制自己的言行，有时出现斥责、体罚学生，学生不听讲、说话、打闹等行为，并和教师直接发生冲突，课堂秩序混乱。

是什么决定着课堂心理气氛是积极还是消极呢？由于其产生于课堂师生相互作用之中，所以教师和学生是影响课堂心理气氛的主要因素。

1. 教师的影响

教师是课堂的主导者，所以首先教师的领导方式和教学能力直接影响课堂心理气氛的形成，其中教学能力是教师营造课堂心理气氛的基础，它主要体现在课程运作过程中。最明显的就是教师的语言能力对课堂心理气氛的影响，清晰准确是教师语言表达的基本要求，而通过恰当的语言获得学生的信任尊重、增进师生情感交流则能够帮助形成良好的课堂心理气氛。而教师的移情能力则决定教师能否更好地投射自身情感、感受学生情感，并引起学生情感的共鸣。

教师的期望是另一个影响课堂心理气氛的重要因素。有关研究表明，教师期望通过四种途径影响课堂心理气氛。第一是接受，即教师接受学生意见的程度。第二是反馈，即教师通过交往频率、目光注视、赞扬和批评等向不同期望的学生提供不同的反馈。第三是输入，即教师向不同期望的学生提供难度、数量不相同的学习材料或作出程度不同的说明、解释。第四是输出，即教师是否允许学生提问、耐心听取学生回答问题等。

另外，教师对教学能力和知识水平的自我评估，常常使自己感受到对自尊心的威胁而产生焦虑。当教师焦虑程度适中时，教师能力和水平能够得到充分发挥，教师的创造能力和教育机智被激发，能够有效而灵活地处理课堂问题，推动教师不断努力，谋求最佳课堂心理气氛的出现。

2. 学生的影响

学生是课堂活动的主体。因此，学生也是影响课堂心理气氛的重要因素。主要表现在，学生的学习情绪受到学生对集体目标是否赞同，学生个人的需求和课堂教学目标是否一致等问题的影响，进而影响课堂心理气氛。

除了以上两个主要影响因素，科学合理地安排教学时间、大小适中的班级规模、座位排列方式的选择等都对课堂心理气氛起着不同程度的影响。

（三）建构良好课堂环境的策略

根据上文的分析，营造良好课堂环境的方法也可以从物理环境构建、心理气氛构建两个方面来看。

1. 建设科学舒适、健康安全的课堂物理环境

物理环境的建设主要包括以下几个方面：科学合理的教学时间设计、宽敞明亮并整洁的教室、先进齐全的教学设施、丰富多彩的文化建设、灵活适当的座位排列。

国外一些教室环境建设中的确有许多优秀的设计值得我们借鉴，但仍要坚持以我国的国情、学校条件、学生特点为基础，而不能一味地求新，忽略了良好物理环境的建构是为更有效的课堂交往、更高水平的课堂教学服务这一中心思想。

2. 营造民主平等、自由和谐的课堂心理气氛

教师是课堂气氛的主要定调人，对于有经验的教师来说，总是会顺水推舟，将学生起的调子转化成自己所期望的调子，然而也有的教师跟着学生的调子跑，这就需要教师加强自身的修养，提高课堂领导能力。[①] 首先，培养良好的教师风度以感染影响学生。所谓教师风度，是指教师个人的精神状态、个性气质、文化修养、思想品质、道德风貌、生活习惯、穿着打扮等方面，通过自己特有的语言举止、姿态动作自然地流露出来的巨大感召力，它能直接、形象地感染和影响学生。

◆ **小贴士**

宁鸿影老师的三个"三个"[②]

来自北京的宁鸿影老师的基本经验之一就是为教学创造和谐的气氛，因此他向学生们提出了他的三个"三个"：

1. 三个"不迷信"：不迷信古人、不迷信名人、不迷信老师；

---

① 戚业国. 课堂管理与沟通 [M]. 北京：北京师范大学出版社，2006：32.
② 韩绍杰. 对课堂教学心理气氛的探讨 [J]. 内蒙古师范大学学报：哲学社会科学版，1997（4）. 参编时编者有改动。

2. 三个"欢迎":欢迎向老师质疑、欢迎发表与教材不同的见解、欢迎提出与教师讲解不同的见解;

3. 三个"允许":允许出错、允许改正、允许保留意见。

另外,建立良好的教师的领导方式。[①] 课堂教学呼唤建立平等、民主的师生关系,这种关系对于形成良好的课堂气氛十分重要,美国学者布拉弗德和李波特根据教师的性格把教师划分为四种不同的类型:强硬专断型、仁慈专断型、放任自流型和民主型。研究结果表明针对不同类型的教师,学生会产生不同的反应,民主型的教师更容易形成一种和谐的课堂气氛。此外教师的移情、教师的期望、教师的焦虑对课堂气氛也有很重要的影响,教师的理解和对学生的热切希望也会为形成良好的课堂气氛创造条件。除此之外教师还应掌握沟通语言的方法和艺术,如善于用积极性的语言代替消极性的语言等。

3. 有效发挥群体特性营造课堂气氛

根据信息的可传递性和可扩散性的特征,在学生群体中,学习情绪具有相互"感染"的效果,教师可以利用这一特性营造积极情绪的感染,促进良好课堂气氛的形成。如表扬积极发言的学生,以此激发其他学生也加入到课堂交往中。另外,群体还对每个成员具有一定的吸引力和约束力,引导所有学生在情感上加入群体,以作为群体的成员而感到自豪,形成归属感和对班级规范的认同感。这能促进学生在积极参与课堂活动的同时自觉遵守纪律,有利于活跃但有秩序课堂气氛的建立。

4. 充分发挥课堂提问的作用,建立和谐愉快的课堂交往

课堂提问,作为师生课堂交往的重要组成之一,它不仅是检验教学效果的方法,也是教师教学艺术的体现。有效地发挥课堂提问的作用,能够更好地活跃师生课堂交往,促进平等民主师生关系的建立,有利于良好课堂环境的构建。当前,我国中小学课堂提问中还存在很多问题,如问题过于表面、空洞,或不必要的习惯性问题等,因此,在进行课堂提问时应注意以下几点:首先,精心设问,问题要紧紧围绕教学目的,体现重点、难点。问题之间应紧密关联,由浅入深,有助于引导学生进入学习情境。改变课堂提问的随意性,把提问设计作为备课的重要内容之一。另外,要掌握提问的时机,在合适的情境下向学生提出恰当的问题,正如古人所说的"不愤不启,不悱不发"。

在学生回答问题的时候,教师应该保持鼓励、宽容的态度,也要引导学生尊重回答问题的同学,避免学生害怕出错而不敢回答问题的形象,如允许学生

---

① 戚业国. 课堂管理与沟通 [M]. 北京:北京师范大学出版社. 2006:86.

"答错了重答","忘记了再想想"等。在这种民主的课堂交往气氛中,学生没有被同学取笑的苦恼,没有被教师批评的忧虑,才能充分享受发表不同意见、自由交往的乐趣,创设出民主和谐的课堂环境。

【思考与活动】

1. 你眼中的有效课堂交往应具有哪些特点?
2. 学生的课堂交往有哪些特征?作为课堂管理者面对中学生的课堂交往问题你有什么建议?
3. 如何建立有利于课堂交往的师生关系?描述一下你理想中的师生关系。
4. 如何构建良好的课堂环境?

第六章　组织多样的课堂活动

新课程实施几年来，上到国家政府，下到学校教师都对课堂教学倾注了很大的热情，只要走进课堂，就能真切地感受到新课程改革带来的生机和活力。但在实际教学过程中，存在着把活动简单地等同于游戏、娱乐，认为活动越多越好的误区。一时间课堂异常活跃，活动充斥整个课堂，一个活动接着一个活动。这种形式化的活动浪费了有限的教学时间，造成了教学的低效或无效。本章将介绍几种具体的课堂活动——小组活动、体验活动、探究活动及课堂提问，了解各种课堂活动的相关内容，掌握提高课堂活动的策略，能够在实际教学中灵活地运用各种活动。

【学习要求】
1. 了解课堂活动的相关理论。
2. 如何提高课堂提问的有效性？
3. 如何有效地组织小组活动？
4. 了解体验活动和探究活动的具体操作。

一、课堂活动相关理论

（一）课堂活动的含义

"课堂活动"一词在新课程的实施过程中频繁出现，"课堂活动"是对《基础教育课程改革纲要（试行）》要求的"改变课程实施过于强调接受学习、死记硬背、机械训练的现状，倡导学生主动参与、乐于探究、勤于动手，培养学生搜集和处理信息的能力，获取新知识的能力，分析和解决问题的能力以及交流与合作的能力"的积极回应。他是指，在同一个特定的时间里或者一节课中，教师把时间分成若干段落，教师和学生在这一段落中共同参与而形成的一种有组织的行为，这个过程便构成了课堂中的活动。在课堂活动中，活动内容、活动方法、活动程序和活动时间都直接影响着活动的效率。①

课堂活动要立足于全体学生的全面发展，活动的组织要考虑学生的年龄特征、认知水平和学科特点。

（二）课堂活动的方式

课堂活动多种多样，一般包括阅读、演示与观察、表演、竞赛、游戏、写作、讨论、讲解、检查、测验、报告、小组活动、个别指导。课堂活动的形式多样，一堂课中往往以少数几种活动为主。

1. 竞赛式

竞赛式最能激发学生的进取心理，培养学生的竞争意识。为了在竞赛中取得好成绩，学生会主动地想点子、出主意、搞革新。赛前会认真准备，反复练习，尽力做到万无一失，学生的责任心表现得非常强烈。竞赛中学生会不屈不挠，努力拼搏，全力以赴，全身心地投入，教师会发现学生的积极性从未有过的高涨。在组成小集体为单位的竞赛中，同学之间的团结、协作精神，充分地表现出来，集体主义得到有益的培养。竞赛式的课堂活动，首先要向学生讲明这次课将要组织比赛，让学生作好比赛的准备；其次，比赛一般安排在活动的最后，要让学生明白参赛条件、技术要求（一般指模型的技术规定）、比赛的程序、成绩的评定办法，做好裁判工作等，让学生按以上要求，即竞赛规则去做比赛的练习；第三要包括选裁判员、准备裁判器材、培训裁判；第四要组织好参赛队伍、观众队伍。这些都完成后最好搞一次示范性模拟竞赛，让参赛同学了解比赛的过程，然后正式比赛，最后总结发奖。

2. 汇报式

汇报式是学生把利用调查、参观、访问等形式搜集到的知识材料以文字、图表、模型、标本等有计划、有目的地向学生或教师进行汇报，来丰富知识，达到学习目的的教学活动方式。学生对第一手资料的感知更能激发学生的探究欲望。这本身就是一种创造性强、对知识的深化和升华的过程，有利于学生的语言组织与交流、逻辑归纳、文字表达、社会实践等能力的培养。

汇报式课堂活动对学生的语言组织能力要求较高，学生必须有一定的语言基础和文字归纳能力。因此，一般只适用于中高年级的课堂活动，对适于汇报式教学的教材的要求也比较严格，教材必须具备可供学生搜集整理的内容。

3. 讲授式

讲授式就是以教师讲授为主，引导学生完成教学任务。讲授式要求教师语

---

① 陈时见. 课堂管理论 [M]. 桂林：广西师范大学出版社，2002：225.

言规范、简短易懂、形象生动，能吸引学生的注意力；设计的问题能引起学生学习这门课程的兴趣，能帮助学生较快地掌握这门课程。讲授式适合于低年级和内容难、学生不易读懂、不易理解的教材，讲授时教师主要讲课程要求、重点内容、关键性的问题等。它的方式可以是：导入——讲解——设疑——解惑——总结。

（1）导入有各种方式：生动的小故事、形象的图片、小品表演、问题导入等，无论用什么方法导入都应注意直观性，都应从感性认识入手。

（2）讲解要层次分明、重点要突出、难点要突破，要使学生从教师的讲解中学懂活动课程的教材，掌握其要领，明白其中的道理，使学生从感性认识上升到理性认识。

（3）设疑要引起学生的兴趣，要由浅入深、从易到难，要有针对性，能调动学生的非智力因素，开拓学生的思路，能使学生展开合理的想象，使学生较快地投入。

（4）解惑要通过学生的口述、笔答、表演、操作等方式去验证学生是否已获取了新知。

（5）总结时教师要用激励性的语言给学生以回味、以启迪、以再创造的愿望。

4. 表演式

表演式是授课教师根据教材的特征，采取由学生担任不同人物角色、扮演各种小动物，向同学直观地展示教育的内含、内容，这种教育过程就是表演式。表演式具有以下特点：

① 符合小学生心理特征的要求；
② 教学手段直观；
③ 充分体现以学生为主体，学生自己教育自己，乐在其中；
④ 体现出活动课与语文课教学手段的不同之处；
⑤ 陶冶学生的艺术情操，寓教育、教学于表演之中，提高学生的审美能力。

什么题材的活动课教材适宜用表演式呢？一般以童话故事、儿童故事、人物、动物对话、表情、动作、论理故事为题材的活动课教材，可根据教学目的、要求，采用表演式进行。怎样才能使表演式达到预期的目的呢？

（1）授课教师首先要明确表演式要达到什么目的和要求。

（2）根据目的和要求，设计好整个表演过程，选中演员，训练考核演员，演员要悟性好，有一定的应变能力及表演能力；表演过程与课文内容密切联系，提取课文精华；表演形式新颖，有特色；学生能接受，符合学生的学习生活实际，学生们喜欢。

（3）做好表演前的准备工作：教学表演设备，如录音机、录音带及布景设制等；小动物、人物的头饰等；简单的服装造型等。

5. 讨论式

讨论式是以学生动口为主，让学生畅所欲言，表达自己的观点。采用这种方式教学能充分调动学生动脑动口的热情，发挥学生的口才，提高学生的思维能力和表达能力，使学生在讨论中求新知。讨论的形式可以是：设疑引起兴趣——讨论进入角色——发言阐明观点——再讨论发散思维——总结获取新知。讨论时设疑是关键，设计的问题要有一定的梯度，小组讨论可以同座两人，可以前后桌四人，也可以一排几人；分组后每组选出组长，由组长主持，人人发言，各抒己见，组长做好记录；讨论后评出最佳答案，选出代表准备大组发言。

6. 游戏式

游戏式一般是在特定的设计规则下进行的，它以学生的广泛参与为前提，它的最大好处在于学生乐于接受，乐于置身于设计规定的情境氛围之中，在轻松愉快中获得知识，在参与实践中体验情理感受，从而使学生得到理智的、科学的、情感的和意志的锻炼，为学生的个性发展提供了广阔的空间。根据活动课的教材内容，游戏式教学一般可分为智力游戏和角色游戏两种。

7. 演讲式

演讲式就是根据教材内容，由学生把搜集到的有关知识及素材经过有目的的语言组织加以提炼，利用演讲来反映知识内容的一种形式。在演讲式教学中，教师应以导向为主，应由台前走向幕后，变教学中的显性为隐性，使学生在表达、表现、表演中进行语言训练；在素材搜集、整理与加工中接受实际锻炼。这样，学生的学习天地就更加广阔了，可以充分发挥他们的想象力和聪明才智。

从演讲式的基本内涵来看，演讲式应包含三个环节，即：搜集资料的过程、语言整理的过程、语言表达的过程。这三个环节彼此独立，又有机结合，构成了演讲式的全过程。

由于演讲式教学对学生的要求较高，所以只适合于高年级学生。它对教材的要求也比较高，一般适合知识性较强、艺术性较高的内容。采用演讲式教学，应注意贯彻知识性、趣味性原则；要让学生参与到活动中去，自己设计、组织语言，自由发挥；主持人最好让学生充当，教师只给予必要的提示。

（三）课堂活动的原则

1. 活动内容设计必须有明确的指向性

在进行课堂活动设计时，教师必须认真钻研教材内容和课标精神，明确每一节课需要达成的教学目标，并把这一目标视作活动内容设计的基本点，在进行活动内容选择时，必须紧紧围绕这一基本点展开，为这一基本点服务，否则就会陷入为了活动而"活动"的尴尬境地。

2. 活动形式设计必须符合学生身心特点

各个年龄段的学生在课堂活动中的表现是不一样的，一般来说，年龄越小，课堂的表现欲越强，因此，从活动形式和课堂情感激励方面加以有效设计，让学生打消不必要的顾虑，全身心地投入课堂活动，是我们在进行课堂活动设计时必须加以雕琢的。角色扮演、动手实验、知识竞赛、比较和观察、小组讨论、适当的才艺展示等是比较受高年级学生喜爱的活动形式。

◆ 小贴士[①]

课堂上学生的活动时间宜控制在20分钟左右，15分钟左右时间由教师作简要的讲述，作方法指导、学习小结、评价激励，这样能较长时间地维持学生有意注意的时间，尽可能地让学生活动并非把过多的时间让给学生活动，缺少了教师的指导、帮助、评价、激励，这样的活动目标涣散，过程松散，不利于学生学习知识，发展能力，时间过少也达不到最佳效果。

3. 活动环节与活动频率必须适度有效

活动环节操作频率过快，活动不充分，预设的活动环节未能完成，活动高潮未能有效体现等问题，究其原因，与教师设计的活动环节过多有关。从教学实践来看，一节课的活动环节一般以不超过3—4个为宜，操作频率不能太快，应让每一个活动环节都占有相应的课堂时间，这样才能让学生比较充分地活动并发表意见，避免走过场，真正让学生获得体验。

4. 活动设计的逻辑关系必须合理有序

这里的逻辑关系包括两个层面，首先是单个活动内部，其内容必须符合学生的认知特点，其次一般要遵循从具体到抽象的认知规律。

5. 活动的预设和活动的生成必须兼顾

教师在进行活动设计时，切不能因考虑课堂的生成性而忽视了活动预设的规范性和具体性，只有在合理的预设中方能保证活动的有效性，达到自然生成

[①] 赵明华. 语文课堂活动教学的实践与思考 [J]. 江苏教育, 2000 (2).

的效果。

6. 以问题作为活动开展的纽带

活动设计要注意能够引导学生进行探究，并能激发学生的思维。最好以问题为纽带贯穿整个活动。在活动中以问题引导，有利于培养学生的探索、创新意识。活动中教师要注意观察并及时指导学生的自主学习和分工合作。

7. 活动设计要简单可行

活动的难度要适中，操作性要强。简单易行的活动，可以使学生在活动过程中保持自始至终参与的积极性，有机会享受成功的快乐，还可减轻教师的工作压力和负担；同时活动成本较低，材料经济可行，避免资源的浪费，符合社会可持续发展的要求。

8. 活动方式要多样化

活动形式的多样能激发学生的好奇心和学习兴趣，符合学生的心智特点。在活动教学中，可以采用讨论式、参与式、辩论式、案例分析法、问题解决式、角色扮演及小组活动等多种方式。不同的教学内容以不同的方式组织教学过程，避免每节课以同一模式教学。活动中要尽可能地培养学生多方面的能力。通过多样化的活动方式以及鼓励学生从多角度、多方面、多层次进行探索，促进学生的能力得到多方面的发展，以达到有效的活动效果。活动的评价应采用多种方式，要发挥各自优势，取长补短，使之成为促进学生发展的评价。

9. 活动节奏要快

因为一节课的时间有限，活动必须在短时间内完成。典型的活动通常以快节奏的方式展开，让学生们感到课程在不断地进行，总觉得有事要做，可以避免学生出现迟钝和厌倦的情况。课堂活动的时间以 7—8 分钟为宜，最好不超过 10 分钟。这样，才能获得最佳效果。所以在课堂活动进行时，首要目标是要抓紧学生的有效学习时间，提高活动学习的质量。

（四）课堂活动的意义

1. 激发学生的学习动机

有人认为学生的学习动机中包含三种价值：

（1）内在价值：参与一项任务的纯粹兴趣或乐趣；

（2）收获价值：通过完成任务而获得成就或影响力的价值；

（3）终极价值：成功完成一项任务给个人事业或其他个人目标带来的益处。

教师要保证学习活动体现其中的一种价值，这样的课堂活动能引起学生较高的学习动机。

2. 增加学生的体验，改善学生的学习方式

传统教学以教师的独白对话为主，完全预设了学生学习的内容，学生习惯以单纯的记忆方式应付学习生活。在现代教育观中，课堂生活是学生形成完满人格的过程，是感受人生、感受外部世界的过程，学生的认知、理解、体验、感悟是不可分割的。

3. 给学生学习的主动权，培养学生的创造力

学生的学习是主体建构的过程，学生创造力的培养需要有自主学习的权力与和谐宽松的人际氛围，不管是创造的精神还是创造的能力都是学生自主的心智增长过程。

4. 保持良好的课堂纪律

没有对所有事情都不感兴趣的学生，学生对课程内容的关注是保持良好课堂纪律的前提，也是维护良好课堂纪律的良性方式。

二、课堂提问

课堂中的提问能够诱发学生的问题意识，激发学生的学习兴趣，吸引学生注意力，引起学习动机，开阔学生思路，启发思维，帮助学生掌握学习重点，突破难点；对教师来说，可以引导、检查、补救、诊断教学等；此外，课堂提问还可以活跃课堂气氛，增进师生之间的感情，促进课堂教学的和谐发展。提问是良好交流的基础，是好的、引人入胜教学所应具备的。因此，深入地挖掘有效的课堂提问是很重要的。

（一）课堂提问的原则

1. 目的性原则

课堂教学的目的，既是课堂教学的出发点，又是课堂教学的归宿。课堂提问是实现课堂教学目的的重要手段之一。课堂教学的目的不同，课堂提问的方式、类型等也都有所不同，课堂提问要紧扣教材内容，切中重点难点，合乎学生实际，使学生准确、高效地掌握所学知识。

2. 有效性原则

课堂提问的有效性是指所提的问题能使学生产生怀疑、困惑、探索的心理，促使学生积极思维，使他们不断地提出问题和解决问题。

3. 平等性原则

提问要面向全体学生，调动学生思考问题的积极性，让每一名学生都有回答问题的机会，设置不同难度的问题，尽可能地让更多的学生参与回答。

4．适度性原则

适度性原则是指问题的难易程度要适度，提问太难太繁，学生无从思考；太易太简，也不能引起学生的重视，要尽可能地照顾到每一名学生；提问的时机要适度，抓住合适的提问时机；问题的数量要适度，过多或过少的问题都不利于课堂的有效性。

5．激励性原则

课堂提问要亲切、和悦，要能唤起学生求知的欲望，激发学生的创造兴趣，真正把学习作为一种需要和乐趣。有效的鼓励能使学生更加活泼地学习，能使学生身心愉悦、思维活跃、畅所欲言。

6．启发性原则

课堂提问能够启发学生的思维，调动学生的学习积极性，引导学生通过独立的思考，获得知识、发展智力，因此，教师要根据学生的学习水平和认知特点，设计启发性的问题，让学生在学习的过程中受到启迪和锻炼。

（二）课程提问的类型

教学内容的不同，对学生要求的不同，提问的类型也是多样的，最常用的课堂提问的分类是根据课堂提问水平，将其分为六个层次[①]：

1．知识水平提问

训练学生的记忆力和表述力，它所涉及的心理过程主要是回忆，提问常用的关键词是：谁、什么是、哪里、何时等。这是最低层次、最低水平的提问。

2．理解水平提问

要求学生能用自己的话来叙述所学知识，比较知识和事件的异同，能把知识从一种形式转变为另一种形式。它可以帮助学生理解所学知识，弄清知识的含义。提问使用的关键词是：怎么理解、有何根据、为什么、怎么样、何以见得等，这是一种中等水平层次的提问。

3．应用水平的提问

要求学生对问题进行分类、选择，以研究正确答案。它能使学生把所学的知识应用于某些问题，其心理过程主要是迁移。提问常用的关键词是：运用、分类、选择、举例等，这是一种较高层次的提问。

---

① 蔡慧琴，饶玲，叶存洪，等主编．有效课堂教学策略［M］．重庆：重庆大学出版社，2008：128．

4. 分析水平的提问

要求学生运用批判性思维，分析提供的资料，进行推论，确定原因，可用来分析知识的结构、因素，弄清事物的关系和前因后果。提问常用的关键词是：为什么、什么因素、证明、分析等，这是一种较高层次的提问。

5. 综合水平的提问

要求学生将所学知识以一种新的或有创造性的方式结合起来，形成一种新的关系，能够解决应该解决的问题。常用的关键词是：综合、归纳、小结、重新组织等，这是一种较高层次的提问。

6. 评价水平的提问

要求学生对一些观念、解决办法等进行判断选择，提出见解，作出评价等，它能帮助学生依据一定的标准来评判事物和材料的价值。提问常用的关键词是：判断、评价、你对……有什么看法等，这是一种高层次的提问。

（三）有效课程提问的策略

在课堂教学中，提问是教师运用的主要手段。在教学中往往存在着为了发问而发问，表面上都让学生回答，实则空洞，或是教师不经思考随意提问，所提的问题没有什么实际意义，这类问题不利于课堂教学。提问是使学生的认识不断发展的动力，也是推动课堂教学前进的动力。问题的恰当与否，直接关系到学生的知识水平和理解能力的提高，关系到整个课堂教学质量的高低。有效的课堂提问需要教师精心的设计，需要教师掌握课堂提问的一些策略和技巧。

1. 精心选择问题

（1）问题要有一定的开放性

封闭性的提问，如"对不对"、"是不是"这类的封闭性，学生通常用"是"、"不是"、"对"等来回答，这类回答通常是不需要学生过多思考的，有时候甚至是带有猜测的成分。教师过多地设置此类问题，不利于学生主动地思考和积极地探究，因此，教师在设计问题时，一定要具有开放性，让学生可以从不同的角度去思考。

（2）问题要有针对性

课堂提问提出的问题要包括教学的重点、难点、考点等，设计的问题要能帮助学生掌握或理解知识，教师要根据内容认真地设计问题，来充分调动学生。只有抓住重点、突破难点、理解考点的提问，才能提高课堂教学的效率，促进学生的学习。

（3）问题要有层次性

问题的设计要根据学生的水平，设计难度不同的问题，让不同层次的学生来回答，水平较高的学生回答相对较难的问题，如理解性的、发散性的、综合性的问题，而水平较低的学生则回答那些比较浅显的问题，如简单判断性的、叙述性的、比较直观的问题，并设法创造条件启发他们思考，尽量做到使学生回答的问题跳起来就能解决，从而达到启发学生积极思维的目的。同时，问题的设置也要根据教学的需要，由表及里步步深入，激起学生的积极性和主动性。

（4）问题表达要清楚

问题只有表达的清楚，才能让学生理解，表达一定要符合学生的年龄特点。

◆ 案例

清 楚 提 问[①]

在一堂小学一年级的品德与生活课上，教师要讲的主题单元是《文明礼貌》。这位教师本意是问同学之间平时有什么不愉快的事情发生。她是这样表述的："小朋友们，你们之间有没有什么矛盾、误会、摩擦或者冲突？"学生们面面相觑，都说没有。教师又重复了一遍问题，学生们还是说没有，教学没法再进行下去了。怎么办？于是这位教师换了一种语言方式，用打比方的方法提出问题：那你们之间有没有谁把你的书包碰掉地上了，你特别生气？有没有谁碰了你，又不道歉的？这时孩子才明白什么意思，纷纷说有。

这是一节一年级的课，很多孩子还不能正确地理解矛盾、误会等词语的具体含义，教师如果要学生正确地回答，必须要运用他们所能理解的语言，表述要清楚，因此，在设置问题的时候教师一定要了解学生的特点，问题的表述要符合学生和教学的要求。

（5）在矛盾处设置问题

在矛盾处设置问题，可以引发学生的认知冲突，这样的问题可以引起学生的积极思考，使学生对知识产生强烈的兴趣，从而达到合理解决问题的目的性。《鸟的天堂》中有这样一句话："我们的船渐渐逼近榕树了。"教师抓住句中"逼近"一词问道："我们平常讲距离越来越近时，都习惯用'靠近'或'接近'，这里却用了'逼近'，这是不是不合常规呢？是否用错了？"针对"逼近"和"靠近"两个词的用法及为什么在当时的语境中用"逼近"，学生展开了激烈的讨论，而讨论又激发了学生深入思考、大胆发言。引起学生的兴趣是因为教师在设计问题的时候抓住了词语设置的矛盾，这一矛盾使学生积极地思考、讨论，问题的争论使学生思想相互碰撞。

[①] 资料由东北师范大学附属小学姜坤老师提供，吴林整理．

2. 把握提问的时机和对象

何时提问、对谁提问影响着提问的效果，只有了解这些，才能提高课堂提问的有效性。提问的时机既包括提问的课堂时机即何时提问也包括待答的时间。

（1）何时提问

课堂提问不能"随意问"，也不能"满堂问"，要想提高提问的有效性必须了解提问的最佳时间，也就是什么时候提问最能激发学生的积极思维。"一是学生的学习情绪需要激发、调动的时候；二是学生的研究目标不明思维受阻的时候；三是促进学生自我评价的时候。"[1]

（2）等待时间

有研究表明教师提问后能等候一段时间，最好的等候时间是 3 秒或更多，这时课堂教学会取得更好的效果：学生经过思考能给出比较完整的答案且正确率较高，积极回答问题的学生人数也会增多，学生在分析和综合水平上提出的问题也会增多。

（3）提问的对象

提问要面向全体学生，虽然每次回答问题的只是少数学生，但教师应该要求全班学生认真思考并作好回答的准备，在提问的时候可以先叫中等水平的学生回答，之后优等生补充，而对于后进生教师应该设置一些比较简单的问题，激发他们回答问题和积极参与课堂教学的热情。在提问时切忌先叫名字后提出问题，也不能每次提问都叫极个别的学生，要坚决避免让少数优秀学生或愿意表现的学生独占课堂上回答问题的时间。教师可以采用不同的抽查方法，如叫名字的顺序、学号的顺序、"第一小组请回答"、"女生请回答"、"第三小组请回答"、"一起答"等，教师可以随时调整提问的方式，防止形成固定的方式。

◆ 小贴士

激发胆小学生回答的小策略[2]

在课堂提问时，对于那些胆小、不爱主动回答问题的学生，教师们可以巧妙地设计一些简单的问题，进行启发式提问，当他们回答后，就声情并茂地表扬并鼓励他们，渐渐地他们就不会再因为回答问题而惧怕，思维也会逐渐活跃，学习成绩就会有所提高。

---

[1] 严永金主编.让学生的思维活起来：最能激发潜能的课堂提问艺术[M].重庆：西南师范大学出版社，2008：12.

[2] 严永金主编.让学生的思维活起来：最能激发潜能的课堂提问艺术[M].重庆：西南师范大学出版社，2008：27.

3. 对学生的回答及时反馈

课堂中在学生的回答之后要及时进行反馈，教师要告诉学生回答的正确或是恰当与否，这样做能够激发学生进一步学习的动机，教师的反馈对激发学生让他们认识到自己的学习情况非常重要。对于学生的回答，反馈一定要清楚明晰，不能过于笼统。在对学生的回答给予积极性评价之后，要进一步解释原因，教师在反馈时尽可能多地利用学生提供的观点，以增强学生的自信心，激发其参与提问活动的热情。此外，教师要根据学生的个体差异性，对不同的学生作出有效的、针对性的反馈，如目光的交流、微笑、口头表扬等。

4. 鼓励学生提问

课堂提问是教师和学生双方的活动，在提问过程中，不仅要考虑教师因素还要考虑学生。课堂提问不仅是教师运用提问技巧进行提问的过程，而且要鼓励学生提问，学生的学习过程不仅是一个接受知识的过程，也是一个发现问题的过程，让学生也拥有课堂提问的权利，发挥学生提问的主动性，使学生敢问、善问，培养他们的提问能力。

◈ 小贴士

提高提问技巧的策略[①]

1. 提的问题要清晰。使用学生能够理解的简单清楚的语言提问。不要使用模糊的语言，避免过于冗长。

2. 在指定学生回答之前完成提问。提问并留出时间让全班学生思考，然后再让学生回答。当然也有例外，如你想要引起某个不专心的学生的注意，最好先叫他的名字好让他听到你的问题。如果你打算提问学习速度慢的和腼腆的学生，同样也应先叫他们的名字，好让他们作好准备。

3. 提出的问题必须与这堂课的教学目标相一致。

4. 公平分配回答问题的机会。避免总是向少数聪明的学生提问。但也要避免建立生硬的答问体系。例如，按照姓名字母顺序，按照座位提问。学生很快就会熟悉这种方式，那么，只有当知道该轮到自己时才会集中注意力。

5. 提出的问题要适合全班学生的能力水平。有的问题简单，有的问题比较困难，这样全班学生都有机会正确地回答问题。

6. 一个时间只提出一个问题。同时提出两三个问题会让学生迷惑不解。而且多个问题也剥夺了学生的思考时间，而且因为同时问几个问题，学生搞不

---

① 肯尼斯·莫尔. 课堂教学技巧 [M]. 刘静译. 北京：人民教育出版社，2010：196.

清应该先回答哪个问题。

7. 避免提问太快。最好在提出一系列问题之前打好基础。当提出高等级的问题的时候更应该如此。

8. 每个问题之后至少停顿三秒钟。这三秒钟的停顿给学生时间思考和形成自己的答案。

9. 利用提问帮助学生修正自己的答案。利用提示性和探究性的问题帮助学生更周密地思考自己的回答。这使学生能保持处于学习状态,提高他们的思维能力,强化他们自己能成功的思想。

10. 避免多次使用本身已经包含答案的提问,避免一句话就可以回答的问题,这样的问题常常让学生觉得无聊。

11. 有节制地对学生的回答给予强化。给每一名学生强化可能打断学生的思考。

12. 仔细倾听学生的回答。在学生回答完成之后等待至少三秒钟,给学生时间进一步思考自己的答案,并让其他学生也思考该学生的回答。

三、小组活动

西方早在公元一世纪古罗马昆体良学派就已提出合作学习,1806 年,合作学习小组的观念从英国传入美国,受到美国教育学家帕克、杜威等人的推崇被广泛应用。小组合作学习大体上是 19 世纪 60 年代末,70 年代初开始兴起的。早在二千多年前,我国古典的教育名著《学记》中就已有记载。我国自 19 世纪 90 年代初起,在课堂教学中引入小组活动,由此引发了对合作学习的探讨。小组合作学习是指学生在小组中从事学习活动,并以他们小组的表现为依据获得奖励和认可的课堂教学技术。它要求学生在 3—6 人组成的异质性小组中一起从事学习活动,共同完成教师分配的学习任务。在每个小组中,学生通常从事各种需要合作和互助的学习活动。随着基础教育课程改革的深入推进,在几乎所有的课堂中我们都可以看到以小组活动为主要形式的合作学习。

(一)小组合作学习的特点与意义

合作学习是学生在教师组织下的以共同目标为学习追求,以学习小组为基本单位,以合作交流为基本特征,具有明确个人责任的互助学习活动。[1] 小组

---

① 董洪亮主编. 新课程教学组织策略与技术 [M]. 北京:教育科学出版社,2004:43.

合作学习是对传统课堂教学的一种改革，是目前世界上许多国家都普遍采用的一种富有创意和实效的教学理论与策略体系。他具有自身的一些特点：以小组活动为主体进行的教学活动；是同伴间的互助合作活动；以小组的总体成绩作为评价和奖励的依据同时又考虑个人在小组中的表现；以小组目标的设置来保障和促进课堂教学中互助、合作的气氛。

通过小组合作学习，学生学会聆听别人的谈话，了解别人的感受，有效地解决了一些矛盾。使学生能够包容别人的内心世界，加深同学之间的感情。小组合作学习更能突出学生的主体地位，培养主动参与的意识，激发学生的创造潜能。有利于培养学生的交际能力和学生自我意识的形成和发展。小组合作让学生能够获得类似科学研究的体验和技能，进而培养合作能力和团队精神。

◆ 同行支招

王老师在课堂上经常使用小组讨论的教学方法。低年级的课堂组织小组讨论首先一个功能就是放松情绪、缓解疲劳，教学进行 15—20 分钟的时候，学生有些疲劳，让学生通过小组讨论听、说结合，增加问题的趣味性；小组讨论还是检查学习状况的好方法，尤其对于朗读、背诵类的作业，小组内人人汇报，谁读得不好，小组成员就会举报："老师，他（她）读得不好"！这时，那个被"举报"的学生可能马上就会说"我读得很好"，那教师就说："好，一会儿，老师就请你读一段。"用这样的办法等于检查了全班同学的情况；当然也可以通过小组讨论让学生想一想多种解题办法，但是对于低年段的学生，问题要难度适当，让大多数学生都能参与进来。[①]

（二）小组合作学习的实施

1. 小组活动前的准备

（1）明确具体的学习目的和交往目标

要想对小组合作作出具体规划，教师必须先明确自己试图达成的目的是什么，即教师必须明确教学的具体目标。而在小组活动中教师要明确的教学具体目标不仅包括学习目标还包括人际交往目标。

（2）建立小组

① 确定小组规模

合作小组的规模并非越大越好，心理学研究表明，当小组有 3—6 个人时每个人都能参加活动并进行讨论，可是当有 7—10 个人时，就有人可能不说

---

① 资料由东北师范大学附属小学王琳老师提供，童玲整理。

话。所以一般情况下小组规模不宜过大，以 4—6 人为宜。

◆ **小贴士**①

美国有专家认为：合作小组的规模可以依据完成任务的条件而异（完成任务的条件越高，小组越大）；可以依据组员合作技能情况而异（技能越差，小组越小）；可以依据所占有的时间量而有所不同（时间越短，小组越小）。

② 确定编组方法

在实际教学中，有些教师在分组时为了方便，常常把同桌的两名同学组成一个小组，或前后四名学生组成一个小组。但这种合作比较牵强，学生的参与度不均衡，合作不够深入，小组之间的差异明显。现在运用比较多的分组方法是"异质分组"，按学生的性别、知识基础、学习能力、组织能力、性格特点的差异进行分组，遵循组内异质、组间同质的原则。例如，男女学生搭配，学习基础好、中、差搭配，能力不同者搭配，不同特长者搭配，不同家庭环境者搭配，等等。这种分组方法可以使同组同学之间相互帮助、相互支持，不同组之间的学生可以比较形成竞争。但是要做到合理分组，就要教师充分了解和研究学生，既要做到组间的平衡，又要做到组内的互补。

（3）教室排座

在传统的课堂上，课堂中座位的排列方式，制约了学生之间的互动，小组合作强调学生之间的互动，就要求打破原来秧田式的座位排列方式，根据实际教学的需要，我们可以把座位排列设计成以下几种：

① 会务型，即学生面对面而坐，一般用于 2—4 人学习小组；
② 马蹄型，一般用于 3—6 人学习小组；
③ 圆桌型，学生围坐，一般用于 10 人左右的学习。

◆ **资料库**

教师在安排教室时必须遵循的基本要求②

◆ 小组成员应当面对面地相视而坐。

◆ 组与组之间应当尽量保持适当的距离。这样做不至于影响组与组之间的学习，同时也有利于教师便捷地到达各个小组并检查各组的学习情况。

◆ 教室的安排应该尽量富有可调性，以便学生能迅速、有效地由一种小组形式变为另一种小组形式。在一节合作学习的课上，教师也许希望学生由三人小组（或四人小组）变为两两配对小组，然后又转回到三人小组，这就要求教

---

① 董洪亮主编. 新课程教学组织策略与技术［M］. 北京：教育科学出版社，2004：56.
② 马兰. 合作学习［M］. 北京：高等教育出版社，2005：34.

室的安排要富有弹性。

◆ 尽可能让所有的学生都能始终和自己的小组同伴在一起。

2. 教学中小组活动

（1）确定小组的共同任务

学生进行小组合作，他们需要知道为什么要进行合作，合作学习有哪些要完成的目标，如果目标不明确，那么合作往往就流于形式。教师要向学生讲解任务、目标、概念等，为帮助学生合作学习奠定基础。教师要根据大纲的要求以及本单元、本课时的重、难点，与学生共同探讨本节课需要解决的问题。如果在小组合作学习之前就明确小组的任务，并在小组合作完成后进行考查，那么就会增强小组合作学习的实效性。

（2）小组合作学习

小组内成员在学习能力、知识水平上的差异是成员之间进行分工协作的基础。通过分工，使小组成员承担与其能力相适应的任务，学生要明确自己的角色和应承担的任务，独立思考完成任务；通过协作，经过组内发言和议论等形式相互交流，培养学生的责任感和团队精神。在合作学习的情境中，学生之间是积极互赖的，为了完成某个学习任务或达到某个目标，就必须具有协作意识。小组合作既强调组内的合作又强调学生的独立责任。

教师应引导学生相互协作的观念，并使之在协作学习中逐步学会合作技能，如让学生学会倾听，不随便打断别人的发言；学会表达，能将自己的观点清晰地表达出来；学会相互支持和帮助，并且要具有批判的意识和组织的能力。在小组讨论阶段，教师参与小组学习，并对小组学习的过程做必要的指导和调控。

（3）全班交流

这个阶段的任务主要是在各组讨论之后，将自己得出的结论进行汇报，各组之间可以相互交流，教师进行适当的指导，促进学生进一步地思考和讨论。

◆ **案例**

《我的伯父鲁迅先生》[①]

（一）创设情境、呈现问题

1. 复习回顾：通过上节课的学习，我们已初步了解了鲁迅先生正因为有着"为自己想得少，为别人想得多"的博爱之心，所以得到了那么多人的爱

[①] 小学语文合作学习的研究报告. http://www.vastman.com/Article/jiaoxue/zonghe/5057.html.

戴。作者通过哪四件事回忆她的伯父呢?

2. 你最想学哪个故事? 教师根据大部分学生的意见确定学习内容。

3. (以"谈碰壁"为例) 学生轻读课文, 寻找问题, 做上标记。

4. 学生提出问题, 师生共同梳理, 标上序号, 呈现于黑板: ①"恍然大悟"是什么意思? 作者听了伯父的话, 真的恍然大悟了吗? ②"那怎么"一句中的破折号表示什么意思? ③伯父的鼻子真的是碰扁的吗? ④"四周围黑洞洞的, 还不容易碰壁吗?"这话到底是什么意思?

(二) 组内合作、解决问题

确定合作形式。请同学们自由选择你最想解决的一个问题, 然后请选择相同问题的同学组成一个学习小组, 到指定地点, 选出一位临时组长。组内开始合作。(以第一组活动为例) 组长: 请大家先讨论一下, 怎样理解"恍然大悟"这个词的意思。生1: 可查字典。生2: 我们可以联系上下文来理解。生3: 可通过理解重点词来理解整个词语的意思。组长: 这几种方法我们可以都试试, 请每位同学选择一种方法理解这个词的意思。(每一名同学都在认真地寻找答案。一会儿有同学发言了) 生1: 我通过查字典, 知道了"恍然大悟"的意思是一下子明白过来了。生2: 我们几个同学是联系课文中作者前后说话的语气, 感觉到作者已经明白了事情的真相。因此, 我们认为"恍然大悟"的意思是终于明白了。另有学生: 我觉得这句话应该这样读。(开始读) 同学们纷纷表示读得不错, 把作者一下子明白过来的感觉读出来了。组长: 我们理解了"恍然大悟"的意思, 再一起来讨论作者是不是真的"恍然大悟"了? 组内马上有两种意见。教师在旁发现同学只顾争执, 就及时进行点拨, 鼓励学生细细地研读课文, 联系上下文来体会。(小组成员再次认真读书, 部分同学开始议论了。大多数学生认为作者并不是真的明白了, 还说出了理由: 从最后一句"在座的人都哈哈大笑起来"可体会到作者并没有真正明白过来。当时作者还小, 对伯父的话并没理解, 反而信以为真, 因此, 大家都哈哈大笑起来。) 刚才持不同看法的同学也表示这位同学分析得有道理, 表示赞成。(教师在组间进行巡视, 不时地参与到各个小组中来。其他小组讨论也非常热烈。有的小组已将不理解的问题记录了下来, 准备在全班交流时提出来)

……略 (随后通过教师的调控, 各组间进行相互交流, 根据各组观点不同进行讨论, 并对学生的表现进行积极评价)

分析:

从上述案例中, 我们发现, 小组合作是通过确定问题、组内合作、组间交流的方式进行。确定问题, 是合作学习的第一步, 在小组合作之前应留出时间让学生独立思考；小组的讨论和交流，拓宽了学生的视野，学生的主动性得到了充分的发挥，思维活跃了起来，对问题作了深入切磋，提高了理解语言文字的能力。分组学习的关键体现在"合作"上，充分让学生相互讨论、相互帮助、相互启发，真正收到"合作"的效果，而不是形式上的"合作"。小组活动的形式也随着呈现的问题和学生的实际而灵活变化，生生之间的交流对象又随着小组形式的变化而不断地变化。学生在合作学习中的信息获得量、思考问题的广度和深度远远超过传统教学中单一的师生之间的交流。在合作学习中，教师要让每一名学生都成为学习的主人，积极参与读书，参与质疑解疑，鼓励学生大胆地发表有创见性的体会和看法。教师也应发挥其主导作用，参与小组学习，及时掌握学情，善于调控，捕捉学生在交流中出现的共性问题和疑难之处，引导学生深入探究。

（三）提高小组合作学习的策略

1. 选择适当的合作时机

小组合作能够给学生提供更多的参与、反馈以及学生之间互动的机会，这种学习方法使学生由被动的接受者成为主动的参与者。尽管小组合作能够促进学生学习但并不意味着只要使用小组学习就能实现上述结果。合作学习是课堂教学的一种重要方式，但不是唯一的方式。教师要根据教学内容、学生的实际情况和教学环境条件等，选择有价值的内容、有利的时机和适当的次数让学生进行合作学习。在进行小组合作之前教师要作大量的准备而且并不是一切知识的学习都需要小组合作。对于那些较简单、学生能够独立完成的任务，只需要个人独立学习，而较复杂、较综合的学习内容，需要学生之间相互合作的，则可以采用小组合作的学习方式。教师要根据教学内容的特点精心设计小组合作学习的"问题"。在教学实践中，我们初步总结出以下几种教学情景比较适宜：需要收集和处理信息时，遇到疑难问题或认识模糊的问题，开展探究性学习，共同完成一项较大的实践活动任务，遇到创新性问题，开展合作评估，开展互帮互学，这些情境下开展小组合作有利于提高学习效率，发挥学生的积极性。

2. 给学生充足的时间

没有一定的时间，合作学习将会流于形式。因此教师要给学生提供充分的操作、探究、讨论、交流的时间，让每一名学生都有发言的机会和相互补充、更正、辩论的时间，使不同层次学生的智慧都得到发挥。在合作学习之前，还要留给学生足够的独立思考的时间，因为只有当学生在解决某个问题百思不得其解时进行合作学习才有成效。

3. 促进组内的协调互助

小组内的协调和互助能够促进小组的凝聚力，提高合作的有效性，可以通过以下几种途径实现组内的协调①：

（1）作业要求多种技能，除了传统的听、写、算以外，还有如绘画、制表、计算机使用、口头陈述以及建筑等技能。这种广泛的要求提供给学生为小组最终成果作出各自贡献的机会；

（2）每名学生对小组成果都负有独特的责任，如学生可能要为小组报告的主体搜集不同方面的资料；

（3）每名学生选择一个主题的一部分，负责教给小组其他成员；或者四人小组内的两名学生合作，与另外两名成员分享资料；

（4）在两人小组中，学生相互训练，相互促进学习和提高；

（5）教师为小组成员分配不同的角色（如阅读员、检验员、记录员及资料管理员），以保证每名学生都能够参与小组的活动；

（6）小组的作业（类似小组项目、报告、表演、模型或口头陈述等任务）应该以小组为单位评分。

4. 合理的评价方式

教师的评价对激励学生参与活动，提高合作学习质量有着十分重要的作用，因此教师的评价一定要有鼓励性、针对性、指导性和全面性。一是重视个人评价与小组集体评价相结合。通过评价促进小组成员之间互学、互帮、互补、互促；二是重视学习过程评价与学习结果评价相结合。教师除对小组学习结果进行恰如其分的评价外，更要注重对学习过程中学生的合作态度、合作方法、参与程度的评价，要更多地关注学生的倾听、交流、协作情况，对表现突出的小组和个人及时给予充分肯定和生动有趣的奖励。

◆ **资料库**

大班额条件下运用合作学习应注意哪些问题？②

对任何一位教师而言，在一个人数较多的班级中运用合作学习都不是一件轻而易举的事情，因为大班教学无形中就减少了学生参与小组活动的机会。但若从根本上分析，大班额条件下的合作学习和小班相比并无本质的区别，区别似乎只在于教室中学习小组的数量有所增加。当然，这样说并不表明大班额条件下的合作学习毫无特别之处，恰恰相反，笔者认为，下面几点是每一个在大

---

① ［美］Edmund T Emmer，Carolyn M Evertson，Murray E Worsham. 中学课堂管理［M］. 王毅译. 北京：中国轻工业出版社，2004：100.

② 马兰. 合作学习［M］. 北京：高等教育出版社，2005：145.

班额条件下运用合作学习的教师均应注意的问题：

（1）让每一个小组更为独立，有更多的自主、自治权。由于班级人数较多，较之小班教学，教师对每一小组的直接监管时间必然相应减少，因此，教师有必要采用多种方式，帮助学生学会自我管理，如教学生合作的技能，教给他们互相检查的方法以及注意事项，让他们注意不在小组中做一些无谓的事情等。

（2）在新学期开始之初就与学生一起共同制定若干小组活动的规则，如小组成员怎样迅速、安静地聚拢和分散等。

（3）充分发挥基线组的作用。以基线组为单位检查学生的出席情况和家庭作业等，这不仅有助于增进组内同伴的相互联系，而且不会使学生觉得在大班额条件下运用合作学习是多此一举、浪费时间。

（4）把教室安排得整齐有序。大班额条件下学生人数较多，分组安排不当会使课堂显得混乱嘈杂。为此，教师要注意：

① 鼓励学生在小组活动时尽可能坐得靠拢一些；
② 组的规模小一些，每组人数尽量不要超过 4 人；
③ 制定统一的规章制度，用相同的管理方式要求全体学生；
④ 确保教师能自如地靠近每一小组（只有这样教师才可能既及时为各小组提供必要的帮助，同时又不因自己的走动而影响其他小组的活动）。

四、探 究 活 动

探究性学习是指在教师的指导下学生运用探究的方法进行学习，主动获取知识、发展能力的实践活动。探究性学习是一种学生学习方式的根本改变，学生由过去主要听从教师讲授学科概念、规律学习的方式变为学生通过各种事实来发现概念和规律的方式。这种学习方式的中心是针对问题的探究活动，当学生面临各种让他们困惑的问题时候，搜集相关的资料，提出各种假设并通过具体的活动来验证自己的假设从而得出结论。探究学习有利于创建宽松和谐的教学环境，激发学生的主动学习意识和进取精神，培养学生自主学习的习惯，促进学生形成科学探究的思维品质，激发学生的创新潜能，构建民主师生关系，培养学生的合作意识和交往能力。

（一）探究性学习活动的特点

1. 开放性

探究性学习具有明显的开放性，由于探究性学习研究的主要问题来自学生现实的生活，学生在探究过程中的资料来源、探究方式的不同使探究内容和形式也各不相同。探究性学习的开放性主要体现在学习内容的开放性，内容更加注重联系学生的生活实际，不再局限于僵化的书本知识；时空的开放性，学习内容的开放性使得探究学习的空间也更加开放，不再局限于狭小的课堂之中，使学生走出课本和教室，更多地和社会相联系；探究结果是开放的，允许学生按各自的能力和所掌握的资料以及各自的思维方式得出不同的结论，不追求结论的唯一性和标准化。

2. 主体性

探究性学习在教学过程中把学生作为活动的主体，立足于学生，以学生的主体活动为中心来展开。不同于传统课堂中"以教师为中心"，探究学习更加突出学生的主体性，教师的作用是为了引导学生、激发学生对问题情境或探究内容的兴趣和探究动机，实现学生的主动参与、积极探究。学生在积极主动的参与教学活动过程中以自己的经验和知识为基础，经过积极的探索和发现、亲身的体验与实践，以自己的方式将知识纳入到自己的认知结构中，并尝试用学过的知识解决新问题。教师在这个过程中只是一个组织者、指导者和参与者。

3. 实践性

探究性学习是以学生的主体实践活动为主线展开的。学生借助于一定的手段，运用多种感官，通过自己的主体活动，在做中学，使得学生的实践活动贯穿于学习活动的始终。探究性学习强调学生亲身实践，运用感知、操作和语言等来亲身体验，强调认知活动建立在实践活动的基础上，用学习主体的实践活动促进学习者的发展。

4. 过程性

探究性学习追求学习过程和学习结果的和谐统一，注重学生学习、探究，探究性学习非常注重学习过程中潜在的教育因素，它强调尽可能地让学生经历一个完整的知识的发现、形成、应用和发展的过程。

◼ 小贴士

探究学习的指导[①]

★面向全体学生，关注学生个别差异。

★注重为学生提供相关的支持条件。探究教学需要更多的时间，需要小班额教学，需要充足的材料等支持条件，教师应能够并愿意花时间为学生的探究做复杂、费事的准备工作。

---

① 蔡慧琴，饶玲，叶存洪等主编. 有效课堂教学策略[M]. 重庆：重庆大学出版社，2008：139.

★联系社会实际生活设计探究的问题。
★注重发挥教师自身的指导作用。
★引导学生积极反思。
★注重分析探究中学生独特的感受、体验和理解。
★强调学生之间的合作和交流。
★注重对不同学段的学生提出不同的探究要求。

(二)探究性学习活动的步骤

探究性学习活动的操作主要包括以下几步:

1. 发现并提出问题

提出问题是整个探究的基础,教师在生活中或是教学情境中,启发学生自己发现问题,提出问题,明确要探究的主题。如《水的压力》一课,教师先给学生演示一个小游戏:把和漏斗口连接的橡皮管沾上一点儿肥皂水,再把蒙着橡皮膜的漏斗放入水中,橡皮管上有彩色的泡泡吹出来,不断转动漏斗,学生会很惊奇地看到一个一个泡泡不停地被吹出来。学生对这种现象感到很惊奇,纷纷提出想要探索的问题:"是不是水有压力?水的压力是怎样的?怎样增大水的压力?"[①] 教师通过创设一定的情境,引发探究的兴趣促使学生提出各种问题。

◈ **小贴士**

为了让学生能提出问题,教师可以采取以下办法:[②]

◆创造条件,创设问题情境,让学生产生各种疑问和猜想;

◆鼓励学生提出问题。教师要在教学活动中有意识地鼓励学生大胆提出问题,即使学生提出的问题是幼稚甚至是错误的,教师也要对学生积极提出问题的态度给予肯定和表扬,切忌讽刺挖苦学生;

◆提供必要的背景知识,帮助学生提出问题。受年龄和知识面所限,学生对有些知识知道得很少,这时需要教师提供必要的背景知识;

◆积极引导、诱发学生提出问题。教学过程是复杂多变的,不仅需要教师精心创设问题情境,还需要教师的引导。

2. 提出假设

教师让学生根据问题,进行充分的猜想提出假设,假设不是无目的、随意

[①] 吴小江. 科学探究活动的思考与实践 [J]. 师范教育,2003 (7/8).
[②] 周桂新,费利益主编. 探究教学操作全手册 [M]. 南京:江苏教育出版社,2010:14.

的猜想，必须是根据学生已有的知识和经验进行科学的假设。提出假设是科学研究的重要环节，搜集相关资料了解有关的知识，筛选信息，并大胆提出自己的假设。

3. 实施探究

在这一阶段，学生着手搜集相关信息，通过观察、试验、调查等活动来验证自己的假设。教师要起到引导、启发的作用，同学之间要相互合作。通过探究不仅能体验知识产生的过程，掌握科学的探究方法，而且能激发学生的学习热情和兴趣。

4. 得出结论，相互交流

学生在前一阶段的基础上，根据事实中所包含的意义，形成概念和规律的认识，得出自己的结论，在同学或者是小组之间交流自己的结论和经验。

5. 评价反思

在这一环节中，教师既要总结前几步探究活动的收获，对学生在活动中的表现、态度给予积极的评价，评价可以用口头形式也可以用书面的形式，可采用自评也可以采用同学间的互评。

◆ **案例**

科学探究教学案例
——鱼的浮沉与鱼鳔的大小关系[①]

（一）教学引入（演示实验）

1. 在一个气球里装入20克沙子，在气球吹气口插一根细塑料管，并用细线扎住；

2. 向气球内吹气，使气球足够大，并用少量橡皮泥堵住出气口，让学生观察实验现象；

3. 再用针在橡皮泥上扎一个小孔，让气体缓慢逸出，观察气球在水中的浮沉情况，得出结论。

教师：同学们，你们看到气球的浮沉情况是怎样的？通过实验得到了怎样的结论？

得到结论：气球的浮沉与气球的大小有关。

二、提出问题

金鱼实物展示：将金鱼缸放在讲台上，鱼缸里的三条金鱼快乐而又自在地在水中流动，忽上忽下。（创设情境，激发学生的探究兴趣）

---

① 资料来源：科学探究教学案例，http：//bio.cersp.com/Channel04/jftt/200605/378＿4.html.

教师：同学们通过对鱼缸里的金鱼的观察，想提出什么问题？

学生：……（其中绝大多数同学都提到：鱼在水中的浮沉与什么因素有关）

由于这些问题中，有些可以进行探究，有些只是描述性的，有些只是简单的、常识性的，通过与学生的交流后选出一个共同的主题。

主题：鱼在水中的浮沉与什么因素有关？（根据现象提出问题）

三、作出假设

学生根据生活经验、书本提供的资料和气球浮沉的实验现象作出假设：

鱼在水中的浮沉可能与鱼鳔的大小有关。可是有同学提出了不同的结论，学生在认识上产生冲突，在猜测结果上产生分歧。因此我决定将原先的定向探究改为自由探究，并根据学生的猜测意向将学生分成A、B两个大组，A组有三个小组探究鱼在水中的浮沉可能与鱼鳔的大小有关，B组三个小组探究鱼的浮沉可能与鱼鳍和鱼尾有关。（提出初步的猜想和假设）

教师：请各小组自行讨论设计实验方案进行探究。

四、设计探究计划

学生以小组为单位设计探究方案，通过合理的实验设计，以达到收集证据、进行解释的目的。在学生自行制订探究方案时，我倾听了他们的设想，并给予了必要的指导和帮助，最后让各小组向全班同学说明他们的设想。通过这种迅速、公开的现场评价、讨论，使学生反思自己的设计方案，进一步完善自己的设想，提出更好的探究方法，设计出最佳的探究方案，并再次讨论交流。

探究计划（通过实验探究）：

A组探究：鱼的浮沉与鱼鳔的大小关系

1. 取一只盐水瓶装满水，尽可能放进一条尽量大的金鱼，瓶口用软木塞塞紧，软木塞上预先开好一个小孔，并插入一根很细的玻璃弯管，弯管的上端滴入一滴红墨水，并在瓶口及小孔四周涂上凡士林或熔蜡，以防漏气。

2. 金鱼从浅层沉到深层时，观察到红色液滴_____。

3. 金鱼从深层浮到浅层时，观察到红色液滴_____。

B组探究：鱼的浮沉与鱼鳍、鱼尾的关系

1. 准备好甲、乙、丙三只玻璃缸，向每只玻璃缸里注水，至六成满。

2. 取三条鲫鱼将第一条鱼的尾鳍剪去，放进甲缸里；把第二条鱼的胸鳍和腹鳍剪去，放进乙缸里；把第三条鱼直接放进丙缸里。

3. 通过对照实验，观察到甲缸里的鱼_____、观察到乙缸里的鱼_____（设计实验的计划和方案）

五、表达交流、检验假设

教师：请各小组代表汇报所在小组的探究结果。

学生汇报实验观察结果：……

教师：请各小组对实验结果进行讨论和分析，你得出了什么结论？

学生表达探究的结论：

A组：通过实验观察和相关资料知道：鱼的浮沉与鱼鳔的大小有关，鱼从浅水层到达深水层时由于受到水的压力使鱼鳔变小，鱼就自然下沉。

探究结论：鱼的浮沉与鱼鳔的大小有关。

B组：通过实验观察和相关资料知道：鱼的胸鳍、腹鳍具有保持鱼体平衡的作用，尾鳍则是一个推进器，具有推进鱼体前进的作用。而鱼能在不同的水层中静置则与鱼的胸鳍、腹鳍、尾鳍无关。

探究结论：鱼的浮沉与鱼鳍无关。但鱼的自由快速游动与鱼鳍有关。

六、合作交流

教师展示鲫鱼的模型，师生互动合作交流。

鱼鳔是鱼在水中自由升降的调节器，鱼在某一水层不浮也不沉，是由于鱼鳔的作用，因此鱼的浮沉主要靠鱼鳔来调节，而鱼在水中自由自在、快捷自如地穿梭往来，那是鱼尾和鱼鳍的作用。

分析：探究教学作为新课程所倡导的三大学习方式之一已经渗透到科学教学中。在本案例中教材内容是以观察实验和文字叙述的形式直接得出"鱼在水中的浮沉与鱼鳔大小的关系"这一结论。探究是学生的探究，教师的教只是为学生的学而服务，而不是要学生的学服从于教师的教，这也为教师实施课堂教学提出了更高的要求。但并不是所有学生的疑问、困惑教师都要进行探究教学，而应根据实际情况作好处理，如教学的时间，探究的价值、意义，探究的可操作性等因素进行综合考虑决定是否开展探究活动。

五、体 验 活 动

体验活动是通过一定的情境，让学生体会的活动，作为一种学习方式，是满足学生求知需要的自主活动。以体验为特征的学习以学生为中心，更关注学生的态度和兴趣，强调学习的自主性对知识技能的影响，它不再以传授知识和技能为唯一目的，而注重学习方式对学生的内在影响。这种学习活动方式不要求学生非要做成什么或达到什么目的，而是注重学生的亲身体验和感悟。课堂中体验的教学活动方式，让学生在真实与模拟的体验活动中获得感受和体会。在中小学教育中，体验学习主要应用于情感态度和技巧学习，如体育、艺术、品德教育、文学等都包含大量体验学习的内容,而目前一些隐性课程、社会实践活动,包括生物学科教育活动,也都需要通过体验学习来形成或深化其学习成果。

(一)体验学习的特征

1. 情境性

体验学习强调学生在实践中获得具体的经验,学生的实践是在具体情境中的实践,因而体验学习是具有情境性的。他要求教师要根据学生的心理特点和学习内容来创设一个适当的情境开展教学活动。这个情境可以是真实的,也可以是模拟的,让学生置身于情境之中,体验学习方式根据学习目标、内容和学生学习方式的差异而创设不同取向的学习环境,灵活根据活动情况的变化而改变这些环境,以满足不同学生的需要,通过观察、反思、抽象、概括,最后把体验和获得的经验运用到新的情境中解决问题。

2. 亲历性

亲历性是指学习者进入到某种情境,参与其中的活动,并用自己的身体去感受,用自己的心灵去体悟。亲历性是体验学习的重要特征,亲历性并不要求学生事事自己亲身去经历,包括两个层面的含义:一是实践层面的亲历,即要求学生在实际行动中亲身经历一件事,他通常表现为活动中的角色扮演、学生动手实际操作等;二是心理层面的亲历,也就是学生在虚拟情境下的"亲身经历",表现在心理上的移情理解,对自身经验的回顾与反思,如通过一个影片对其情感产生触动,从而对知识有了进一步的理解。

3. 自主性

体验学习是学生在自主学习中,获得的感受、领悟和情感体验等,他强调的是学生主动的参与和积极的体验,体验的过程是主体获得新的自我认识、自我建构,提升其主体性的过程,在体验学习中,学生真正成为学习过程中的主体,教师要给予学生足够的体验自由,主体只有在自由的状态下,自然而然地发自内心深处的体验才是真正的体验。

◆ **案例**

乘法的初步认识①

师:用你们手中的学具(12个★),你能摆12堆,并列出加法算式。

生:操作后 2+2+8=12,4+4+4=12,6+6=12,3+5+4=12,3+3

---

① 学习是一种体验:"乘法的初步认识"教学案例和反思. http://hmlxx.eicbs.com/teacher/u/liuyan/archives/2006/67.html.

$+3+3=12$……

师：（选取其中 6 道）观察这些算式，你能把它分分类吗？发现了什么？

生：它们都是加法算式。（连加）

生：得数都相等。

生：有的算式数字一样。

师：对，一类是加数都相同的，另一类是加数不一样的。今天，我们来研究加数相同的算式。

师：（出示图）你能用加法算式来表示吗？

生：$4+4+4=12$。

生：也可以 $3+3+3+3=12$。

师：你怎样看图，列出 $4+4+4=12$ 或 $3+3+3+3=12$？

生：横着看或竖着看。

师：横着看或竖着看这幅图，求的是什么？

生：（经引导）求 3 个 4 的和或 4 个 3 的和。

师：求几个几的和，如果数字再多一点，有这样的一百个，用加法计算方便吗？所以，求像这样的 3 个 4 或 4 个 3 的和，可以用乘法计算 $4\times3=12$ 或 $3\times4=12$。

师：这两个算式你会读吗？

生：会……

在这一教学中，虽然教师设计了让学生摆学具的活动情境，让学生通过动手来理解数，由于学生喜好不同，摆出的堆数个数都不相同，由此引出"相同加数的和"，使学生初步感知存在着"相同加数的和"的数学问题，为学生理解乘法的含义作好铺垫。教师出发点是试图通过加法和乘法让学生体验到乘法的简便性，但是教师引导太多没有发挥学生的主体性，而且这种理解性的知识不适合用体验学习。

4．差异性

每个学生都具有独特的个性，由于他们的认知、情感、价值观以及人生经历的不同，即使面对同样一件事情，其体验也是不同的，体验学习的结果总是因人而异的、个性化的，对同一个事物，不同的人形成了不同的感受和经验。

（二）体验学习的实施策略

体验学习是"主动参与，积极体验"的过程，体现活动主要包括以下四个阶段：

1. 创设情境，激发兴趣

体现学习要求学生在具体的情境中体验，因此，创设情境是体验学习的初始阶段，在这一阶段，教师根据教学的需要和学生特点创设具体的情境，引起学生的需要，产生动机。情境的创设成功与否影响学生的体验，创设良好情境的途径主要有：从学生的生活经验和社会现象出发；从学生已有的认知体系出发；从学生的兴趣爱好出发；利用有效的教学技术和教学媒体来创设情境。教师所提供的情境，要围绕学习目标，贴近学生的最近发展区，能激发学生体验的热情，使学生产生积极的情感体验。例如，在讲《天气变了》一文中教师身穿一件黑色羽绒服走进教室。"刚才我走进教室，发现有些同学很惊讶地看着我，为什么？"（学生认为今天老师穿的这件衣服不合适）在这个教学中，教师巧妙地创设了"身穿厚厚的黑色羽绒服走进教室"的情境，一下子引起学生的注意，唤起了学生强烈的好奇心。学生很自然地利用自己的生活经验，发现了教师着装的不和谐。这样的情境创设贴近学生生活，贴近学生最近发展区，调动了学生的积极性。

2. 实际感受，自主体验

体验学习中的"体验"，可以是学生通过实际行动亲身经历产生的，也可以是学生心理上的"亲身经历"而产生的，教师给学生创设情境、提供资料，引导学生通过行为实践和思维实践，进行体验，这个阶段是对所亲历事件进行体现、概括阶段。由于学生对事物体验的感受不同，教师要注意根据学习者的认知规律，指导学生获得感悟或体验的途径和方法。

◆ **案例**

体 验 母 亲[①]

前不久，南四小学开展了"体验母亲"主题教育活动，具体内容是让学生每人将一个鸡蛋用布袋包住绑在腰间呵护一天一夜，以体验母亲孕育自己时的艰辛，让孩子发自内心地爱母亲、理解母亲、体贴母亲、尊重母亲。

为了保持鸡蛋完好无损，学生们的一切活动都格外小心。孪生兄弟张洪伯、张洪扬是一对淘气的小哥俩。在这次活动中，他们腰间比别人多绑了一个鸡蛋，所以呵护起来更加费劲儿。活动带给他们的影响十分明显，现在他们学习、吃饭、活动时都特别小心，生怕弄脏了衣服，上下楼梯还知道搀扶妈妈。

南四小学的学生家长很多是下岗职工。一名六年级学生在感受文章中写道："直到今天，我才真正理解妈妈。以前我总埋怨妈妈每天干的活儿又苦又

---

① 中国教育报. 2004 年 4 月 12 日第 1 版.

累,现在我才懂得,妈妈千辛万苦所做的一切是想让我过上好生活。"

此案例中就是通过设置一个虚拟"腰间绑鸡蛋,体会母亲孕育的辛苦"的情境,让学生通过实际操作——让学生当一回母亲,小心翼翼地保护他们的孩子"鸡蛋",从中体会当母亲孕育的辛苦。

3. 相互交流,体验内化

学生通过在具体情境中的亲身体验,得到新的感受后,体验学习进入第三个阶段,通过个体反思、同化或顺应等方式,将亲历中对事物、知识的感知或者对情境、人物的情感体验,内化成为自身行为或观念。学生的感悟、体验不同,在这一段就需要学生之间的互相讨论和交流,相互借鉴和启发。交流可以分为小组内的交流和全班同学的交流,学生通过交流可以进一步深化自己的感受和内心体验。在交流中教师要善于发现和捕捉学生创新思维的亮点,引发学生更高层次的感悟和体验。

4. 反馈评价,积极反思

这一阶段是认识提升的关键阶段。体验学习的目的不仅是为了让学生体验活动,而是通过活动让学生在具体情境中更好地感悟。因此,教师要引导学生将亲历经验进行归纳、总结并提升自己的感悟和体验。虽然体验学习是以学生为主体,重视学生在学习过程中的自我体验和反思,通过学生已有认知结构对新的认识进行再加工,内化为自己的行为和观念的过程,但教师在其中的作用是不可忽视的。教师要针对学生在体验过程中采用的不同思维方式和出现的不同体验感受进行积极的引导、反馈和正确的评价,以推动学生认识的发展。

◆ 案例

体验式学习 内化学生品德①
——《送别秋天》一课教学案例分析

(一)踏秋——观察体验

1. 小调查(课前进行)

(1)到校园里找秋天:在教师指导下重点观察小草的颜色、姿态如何;叶子正发生着什么变化。

(2)到野外找秋天:在父母的带领下到田野里去看看,秋天有哪些蔬菜,哪些水果正已成熟,秋天的植物有哪些变化?

2. 小行动:采些小树叶准备做些树叶画。

---

① 体验式学习,内化学生品德:"送别秋天"一课教学案例分析. http://blog.sina.com.cn/s/blog_4cbe9c2001008psc.html

（儿童道德行为的养成，应当根植于儿童真实的生活。在体验式教学活动中，让学生积极主动地接触社会，接触大自然，用眼睛观察，耳朵聆听，鼻子闻嗅，手去触摸，从而欣赏秋天的美丽，加深对秋天的喜爱之情。）

（二）咏秋——自由表达

1. 工作坊：创意秋天

A. 做一做，收集身边的落叶，制作有趣的树叶作品（树叶画、树叶书签）

B. 说一说，让学生说说自己作品的特色以及所要表达的意思。

C. 展一展，把自己亲手制作的种子标本、树叶画、树叶标签进行展览，举行"小能人"作品展。

2. 感受：我眼中的秋天

小朋友，你还想用什么方式表达对秋天的喜爱之情。

（秋天这么美，我想写一篇秋天的日记；我想编一首儿歌来赞美秋天；我要把秋天画下来……）

（教师在组织活动时大胆放手，让学生进行动手和动脑体验。制作树叶画这一过程，充分发挥他们的动手能力、创造力、想象力和合作能力，教师及时地表扬肯定，让学生体会到成功的快乐。）

（三）送秋——我说你说

1. 讨论会

进入深秋，天气就冷了一些，每到这时，妈妈都要做一件什么事？

你和妈妈一起整理、准备过冬的衣服吗？你是怎么整理的？

准备了哪些过冬的东西？（在小组内讨论讨论，再选代表总结发言）

2. 小活动（课外）

给校园里的小树、小花挂挂牌。（让学生制作好学生证大小的树牌、花牌，一起去挂挂，以增强小朋友和秋天的感情。）

3. 小统计

我们人类为自己准备了这么多，大自然的生物又会怎样呢？（你们家的小树苗、小花苗、小猫、小狗、小鸟等）

我们该帮他们做些什么呢？（小组内讨论讨论，再举手发言）

（教师带领学生走进"生活天地"，采取以境诱情、以比促情、以情引情等多种方法，借助心理换位，设身处地，移情想象等体验方式，激发情感体验，达到强化感情之目的。）

（四）惜秋——拓展学习

1. 诵读有关秋天的古诗、儿歌。

2. 了解秋天一些植物、动物是怎么过冬的。

3. 唱一唱秋天的歌曲《秋天多么美》。

（在这一环节，教师抓住学生的内心体验，借助文字、朗读和歌唱，使学生在内心加深对秋天的感悟。介绍一些植物和动物的过冬方法，既扩大了学生的知识面，又丰富了儿童对有关动植物的认识。）

在《送别秋天》的学习中，教师通过设置情境和设计一系列的活动，通过观察秋天景色的变化和气候的变化等让学生对秋天有了一个深入的理解和感悟，这节课开始就设置了一个关于秋天的情境，让学生深入到这个情境中去观察、感受秋天，而且注重学生的动手体验和情感体验，教师在教学中为学生创设提供动手操作的实践机会——制作树叶画这一活动，让所有学生都能通过实践操作活动，感受动手的乐趣，体验学习的魅力，从而也感觉到秋的离去；在送秋这一教学环节中，教师从生活中的事情入手，回顾以前和妈妈一起整理、准备过冬的衣物时的情景，再设问大自然的生物在寒冷的冬天又会怎样，我们该为它们做些什么，以境诱情，激发学生情感，使他们设身处地地为身边的事物考虑，增强学生负责任、有爱心的观念和意识，培养乐于付出自己的爱心，做一些力所能及之事的情感。

在进行体验活动时，教师一定要精心设计，只有活动内容从学生的生活实际出发，符合学生的认知特点，才能触动学生的心灵，使学生产生积极的情感体验。

【思考与活动】

1. 观察平时的教学，分析课堂提问的有效性，并根据提问的策略，设计课堂提问。

2. 观察一节采用合作学习小组方式的课堂，观察时注意教室的布置和课堂管理的方法，并试分析该节课的亮点和缺陷。

3. 根据体验学习实施的策略，试着自己设计一次体验活动。

第七章　善用课堂中的教育惩罚

随着人本主义教育思潮的兴起,"赏识教育"颇受教育界推崇,而教育惩罚被认为与新的教育思想相悖,并常常被冠以"不科学、不人道"之名受到越来越多的批评。随着对教育惩罚批判的呼声越来越高,作为主要教育者的教师陷入了窘境。部分教师不敢对学生所犯的错误或不良行为进行批评,也不敢对学生提出严格要求,以致对学生束手无策。长此以往,必将对学生的身心发展、人格形成、品德培养产生巨大危害。实践证明,没有惩罚的教育是不完整的教育,是不负责任的教育。

【学习要求】
1. 了解教育惩罚的含义和国家的相关法律法规。
2. 认识教育惩罚对教育教学工作以及对学生成长的意义。
3. 掌握运用教育惩罚的原则和策略。

一、教育惩罚的含义与政策界定

在社会管理中,惩罚是对一个有触犯法律或者命令的犯罪行为的人所施加的某种痛苦或损失。教育惩罚属于惩罚的范畴,但它又有着教育的特性,因此不同于一般意义上的惩罚。那么教育惩罚的意义是什么,国家教育中的惩罚问题又有何规定呢?

(一)教育惩罚与体罚

1. 惩　罚

惩罚在古汉语中是分开使用的,《诗经·周颂·小毖》中有"其惩而毖后患","惩"的意义与现代语中的"惩罚"相似,是指因受打击而引起警戒或不再干,"罚"也同样有处分责罚之意。[①]《辞源·修订本》认为惩罚是指"惩

[①] 古汉语常用字典[M].北京:商务印书馆,1998:37,79.

戒、责罚"①。《现代汉语大词典》中认为惩罚有两种含义：一指惩戒、责罚、处罚坏人；二指施加鞭打或体罚以使之服从、受辱或以苦行赎罪。② 台湾学者欧阳教认为惩罚的本意是指有意地对犯罪者施以痛苦、折磨、不舒服或损失等适量的报复，以期达到社会控制的效果。③

2. 教育惩罚的含义

惩罚教育思想，古已有之。孟子说："天将降大任于斯人也，必先苦其心志，劳其筋骨，饿其体肤，空乏其身，行拂乱其所为，所以动心忍性，曾益其所不能。"他将惩罚看做上天对人的一种考验，有助于人的成功。法家代表人物韩非子说："凡治天下必因人情。人情者有好恶，故赏罚可用。赏罚可用则禁令可立，而治道具矣。"荀子也承认："涂之人可以为禹。"不管是性善论还是性恶论，都主张通过教育抑恶扬善，以至于止于至善。这个"抑"字，是通过一定手段加以控制的意思。特别是性恶论认为人的本能中不存在道德和理智，如果任凭本能发展不加节制必将产生暴力。这对体罚在我国教学中的盛行有很大影响。

顾明远主编的《教育大辞典》将教育惩罚界定为："对个体或集体的不良行为给予否定或批评处分，旨在制止某种行为的发生，与奖励相对，为学校德育采取的一种教育方法，有利于学生分辨是非善恶、削弱受罚行为动机、达到改正的目的，也利于维护校纪校规。"同时认为惩罚是"为减少某种行为重现的概率而在行为后伴随的不愉快事件，是与奖励相对的心理学概念"④。

新近出版的《中国教师新百科——小学教育卷》中有学者认为惩罚是某一不良行为的结果导致了该行为未来发生的次数减少或消失的过程。这里的行为是指人所说的和所做的。惩罚的定义具有三个要素：一是具体的行为已发生；二是这个行为之后立即跟随着一个结果；三是后来这个行为减少发生或不再发生。⑤

简单地说，惩罚的主体是教育者（主要指教师），惩罚的对象是学生，惩罚的客体是学生的不良品行，惩罚的目的是减少或消除学生的不良行为。

3. 教育惩罚的特点⑥

首先，教育惩罚的对象是未成年人，他们是不断发展的个体，具有很强的

---

① 辞源·修订本 [M]. 北京：商务印书馆，1992：635.
② 现代汉语大词典 [M]. 海口：海南出版社，1992：349.
③ 欧阳教. 德育原理 [M]. 台北：文景出版社，1990：298.
④ 顾明远主编. 教育大辞典（上）[M]. 上海：上海教育出版社，1997：176.
⑤ 柳斌主编. 中国教师新百科：小学教育卷 [M]. 北京：中国大百科全书出版社，2002：413.
⑥ 王雪. 适度教育惩罚研究 [D]. 长春：东北师范大学，2008.

可塑性；教育惩罚的首要目的是减少或消除学生的不良行为，保障学生身心健康。其次，学生所犯的错误不同于社会惩罚所针对的错误，学生的错误较轻，惩罚的痛苦强度也较轻，惩罚的实施侧重借助师生之间情感的相互交流和教师人格魅力的感染。最后，教育所必需的惩罚来自学校的规章制度和社会的法律法规，根本目的是为了帮助学生认识错误，形成正确的品行，提高道德认识水平；手段上是以对活动的否定、限制、剥夺等可接受的方式和方法，来达到受罚者行为的变化。

4. 教育惩罚的分类

按教师对学生不良行为所采取的处理方式和强弱程度可分为：一般性惩罚、代偿式惩罚、剥夺式惩罚、施加性惩罚和心理惩罚。①

按惩罚的伦理意义可划分为教育性惩罚、非教育性惩罚和反教育性惩罚。②

5. 体罚与教育惩罚的关系与区别

身体上的惩罚简称体罚。近些年来，有人直接将惩罚等同于体罚，喊出了"教育，拒绝惩罚"的口号。③ 其实，将体罚和教育惩罚完全等同是错误的做法。广义的教育惩罚中包含体罚，也就是说体罚是属于教育惩罚的一个分支概念。体罚是通过对违规者身体的刺激手段来使受罚者认识错误并使其行为达到可能的变化。一般情况下，教育者在其他教育手段不能起到效果的时候，会出现体罚学生的现象。虽然体罚也是教育者为改善或纠正学生的错误行为而不得已采取的手段，其出发点同一般的教育惩罚相一致，但滥用体罚对受教育者的身体及人格进行侮辱，对其身心造成损害，无疑是不道德的。因此，教育者必须认清教育惩罚并不等同于体罚，体罚学生是错误的且与教育目的相悖，但惩罚学生是必要的也是作为教育者应尽的义务。

那么教育惩罚与体罚的区别在哪儿呢？

首先，依据不同。教育惩罚实行的基础是学校教学管理制度及班规班纪，是学生、教师、学校三者共同的约定；体罚是教育者个人情绪化的行为，是一种主观的、超越法律限度的不当行为。

其次，性质不同。教育惩罚来自于法律法规和学校的规章制度，其根本目的不仅是为了简单地制止某种错误行为，更是为了帮助学生深刻认识错误并形成正确品行，以此提高学生的道德认识水准。只要教育者对违反校纪校规的学生处理的合

---

① 赵文碧. 中学教师惩罚教育的研究 [D]. 贵阳：贵州师范大学，2007：13.
② 檀传宝. 论惩罚的教育意义及其实现 [J]. 中国教育学刊，2004 (2).
③ 陈淑萍. 教育，拒绝惩罚 [J]. 天津市教育科学学院学报，2003，20 (4)：74—75.

理合法，不损害他们的身心健康，都是合理的。体罚是有损人体健康的直接或间接的方法，是一种野蛮落后的人身攻击，有悖人性，应予禁止。

再次，后果不同。前者是在尊重学生的基础上，以爱为中心，促进学生的身心健康发展。后者则是教师对学生身体的恶意侵犯，不能起到良好的教育作用，且往往适得其反。

◆ 资料库

韩、英、美体罚规定百态①

1. 韩国关于体罚的规定：

教师可以对违纪学生作出体罚。但它同时规定了实施体罚的程序：

（1）实施体罚之前要向学生讲清理由；

（2）实施体罚前对学生的身体、精神状态进行检查，必要时可延期进行体罚；

（3）学生可以提出以校内义务劳动来代替体罚；

（4）体罚必须在有校监和生活指导教师在场的情况下进行。

2. 英国的一些地方教育当局的规定：

（1）用鞭子或皮带必须是经过认可的标准；

（2）必须备有惩罚记录簿，列明体罚原因及处理过程，经过校长签署核准许可，并接受查验；

（3）实习教师、代课教师、临时聘用教师等均不得施行体罚，至少具有三年以上教师资格者才能实行体罚；

（4）年龄在8岁以下的儿童禁止体罚；

（5）绝对禁止在班上或众人面前施行体罚；

（6）施用打手心的体罚，每双手不得超过三下；

（7）女学生只限于打手心，而且只能由女教师来执行，如果鞭打男生臀部，不得超过六下；

（8）对患有生理或心理缺陷的学生，必须事先获得医护人员的许可才能实行体罚。

3. 美国关于体罚的规定：

美国有23个州规定了学校可以对学生实施体罚，但法律还对体罚规定了许多明确的细则：

（1）学年开始时，家长和学校签订一份声明，表明是否同意对学生实施体罚；

---

① http://zhidao.baidu.com/question/156649639.html.

（2）必须在其他教育方法都无效的情况下才可以实施体罚；
（3）不许当着其他学生的面体罚某个学生；
（4）体罚时必须有证人在场，以确保体罚依法进行；
（5）刚刚与要受罚的学生发生过冲突的教师不得实施体罚；
（6）体罚必须考虑学生的性别、年纪以及身体状况；
（7）有些地方规定体罚时必须打孩子身上肉比较多的部位，如屁股。

我国《义务教育法（修订）》第二十九条规定："教师当尊重学生的人格，不得歧视学生，不得对学生实施体罚、变相体罚或者其他侮辱人格尊严的行为，不得侵犯学生合法权益。"《未成年人保护法》第四十八条规定"学校不得对儿童实施体罚或变相体罚"。可见相关的法律法规出于对未成年人的保护对教师的教育行为进行了限制，而对于教师的教育惩罚权未作明确规定，但是现行的教育法律法规并没有否定教师拥有惩罚权。

《中华人民共和国教育法》第二十八条规定，学校及其他教育机构有"对教育者进行学籍管理，实施奖励或处分"的权利。

《中华人民共和国预防未成年人犯罪法》第二条规定要"对未成年人的不良行为及时进行预防和矫治。"

《中华人民共和国未成年人保护法》第二十三条规定："学校对有不良行为的未成年人应当加强教育、管理，不得歧视。"第三十八条规定："对违法犯罪的未成年人，实行教化、感化、挽救的方针，坚持教育为主，惩罚为辅的原则。"

《中华人民共和国教师法》第八条第五款规定，教师有"制止有害于学生的行为或者其他侵犯学生合法权益的行为，批评和抵制有害于学生健康成长的现象"的义务，当然这种有害于学生的行为或侵犯学生合法权益的行为也包括来自于其他学生，教师有义务去制止。

从以上各条法律法规可以看出，法律虽然明文禁止体罚或变相体罚学生，但《中华人民共和国教育法》和《中华人民共和国义务教育法》并未否定教师的惩罚权利，惩罚既是一种权利又是一种义务。虽然教师拥有教育惩罚权，但不能滥用，惩罚权的行使应符合学生社会化及教育活动正常开展的客观要求，必须在法律准许的范围内，绝对不可侵犯学生的合法权益。

二、教育惩罚的意义与原则

既然近年来教育惩罚成为众矢之的，被很多人抨击，为什么它仍存在于我们的教育中，成为教育教学工作不可缺少的部分？答案很简单——教育惩罚具有其他教育手段不可替代的作用和意义。涂尔干在《道德教育》中指出："为纪律赋予权威的，并不是惩罚；而防止纪律丧失权威的，却是惩罚，如果允许违规行为不受惩罚，那么纪律的权威就会为违规行为所侵蚀。"① 不得不承认教育惩罚在矫正学生不良行为、维护纪律等方面的积极的有效作用！而若欲使教育惩罚的意义有效发挥，教师必须掌握采取教育惩罚措施过程中的诸多原则。应该明确不是通过体罚来让学生意识到自己错了，而是先让学生意识到自己错了再实施体罚，体罚只不过是犯错的代价，它更多的是指向未来而非过去和现在。

（一）教育惩罚的意义

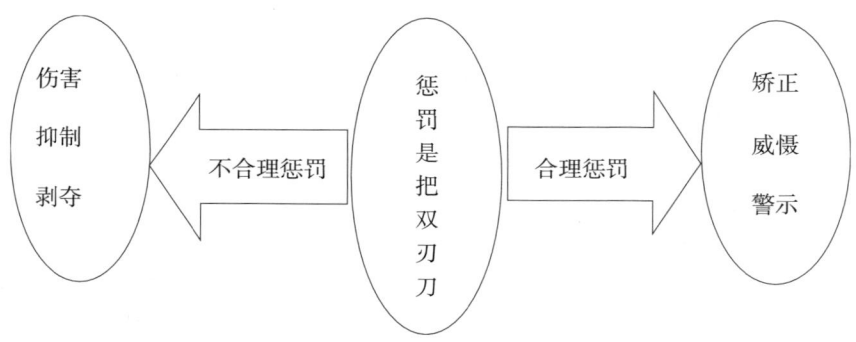

1. 矫正和威慑

在实际教育工作中，对于学生的很多不良行为只凭说服教育是不能达到矫正效果的，但一次有效的惩罚会让他刻骨铭心，矫正自己的不良行为。班杜拉的观察学习理论认为学生的认识、态度、观念等多来源于间接经验，并不一定得之于亲历奖惩的直接体验，学生往往是通过观察别人的行为表现方式及行为结果间接得到的。也就是说，当某一名学生因为某种违规行为受到教师的惩罚时，其他学生从被惩罚的学生身上吸取教训，而为了避免遭受同样的不良体验，就会引以为戒。这时，教育惩罚就起到了威慑的作用。

2. 促进学生社会化

人是社会关系的总和，离开社会，人无法生存。"无规矩不成方圆"，社会中的人要受到各种社会制度的制约。学校教育是为学生将来走向社会作准备的，通过对违反纪律的学生给予合理的惩罚，使其改变不良的言行，使自己的

---

① ［法］涂尔干. 道德教育［M］. 上海：上海人民出版社，2001：162.

言行符合学校制度,进而符合社会的要求。

首先,教育惩罚可以培养学生的责任意识。教育者通过实施惩罚使学生改变错误的言行同时为自己的过失言行负责;让学生在惩罚的过程中认识到,只有勇于承担责任的人,才能更好地适应和立足于社会。其次,教育惩罚可以培养学生的集体意识。很多情境中,个人违反纪律,会给集体利益带来损害,犯错的学生会因此得不到集体的认可或承认,丧失归属感。而此时对某一名学生个人合理的惩罚是为了保护更多人的利益不受侵害,达到培养学生的集体意识的教育目的,使他们主动地参与到班集体的活动中来,与班集体荣辱与共。

可见,合理的教育惩罚可以告诫学生对自己的言行负责,使其明白怎样同社会相处,明白个人的自由不能妨碍他人、集体和社会的利益。同时,学校通过合理的惩罚也告诫学生,学校中有规章制度存在,社会上有道德规范存在,国家有法律存在,违犯规章制度、道德和法律就会受到相应的惩罚。[①] 所以,合理的惩罚是个体社会化的重要手段。

◆ **小贴士**

"合理的惩罚制度不仅是合法的,而且是必要的。这种合理的惩罚制度有助于形成学生的坚强性格,能培养学生的责任感,能锻炼学生的意志和人的尊严感,能培养学生抵制引诱和战胜引诱的能力。"

——马卡连柯

3. 培养学生健康的人格

弗洛伊德将人格分成三个部分,分别称为本我、自我和超我。本我是人格中最原始的部分,由一些与生俱来的冲动、欲望构成,因此本我只求立即得到满足而不知善恶好坏,不管是否应该、是否合适。超我是人格的最高部分,是个体在社会道德规范的影响下形成的,特别是在父母的管教下将社会道德观念内化而成的。自我是出生后,在外部环境的作用下形成的,遵循现实原则,它协调本我和超我的关系。人格中的三个部分代表着三种不同的力量,本我不顾一切追求个人享乐,自我面对现实,超我则追求完美,所以冲突是不可避免的。[②] 人格健康的标准是能否使人格的三部分保持相对的平衡与和谐。无论是一味地放纵本我,还是过分严厉地超我,都是不健康的人格,都可能导致心理上的失常而影响正常生活。因此,一个充分有效的发挥作用的自我是人格健康发展的关键。教育惩罚恰恰可以做到促进学生自我教育,起到帮助其调

---

① 景霞. 刍议教育中的惩罚 [D]. 济南:山东师范大学,2006.
② 全国十二所重点师范大学联合编写. 心理学基础 [M]. 北京:教育科学出版社,2002:183.

节本我与超我的关系的作用,从而培养学生的健康人格。

此外,研究表明,过分的"表扬教育"会使孩子过于依赖大人的选择来判断是非对错而丧失自己的判断能力;长久下去也将使孩子丧失自豪感,对孩子有百害无一益。教育中合理的惩罚有助于提高孩子对抗挫折心理的承受力,培养孩子一种内在的自信和乐观,使其人格健康发展。

◆ **小贴士**

惩罚是教育的一个重要组成部分,必要的惩罚,是让一个人健康成长必不可少的营养剂。孩子从小在一片赞扬中成长,固然对树立自信心有好处,但是一个人如果没有受到过惩罚,他也会禁不起挫折,不能敢于承担责任。在孩子犯错的情况下,对其进行适当的惩罚是必要的,但一定要在尊重孩子人格、维护孩子自尊心的前提下进行。

——著名特级教师 于永正

4. 提高学生内驱力

恰当的教育惩罚能够激发学生积极的心理能量。心理学家赫洛克曾用实验表明,表扬和奖励会促进学生的成长,但批评和惩罚,也同样会起到促进学生进步的效果。[①] 很多研究资料显示,惩罚可使犯错误的人产生相应的紧张、焦虑、畏惧、痛苦、悔恨等心理反应,而一定程度的紧张和焦虑也是人类行为的内驱力。在学校教育中,合理的教育惩罚,不仅不会伤害学生,还可以唤起学生的自尊心和上进心,能有效地激发学生的积极性。

5. 促进学生道德养成

皮亚杰的道德发展理论将儿童的道德分为无律阶段和他律阶段、自律阶段三个阶段。科尔伯格的道德发展阶段理论把人的道德发展大致分为前习俗道德、习俗道德、后习俗道德三个水平,以及避免惩罚与服从阶段,个人的工具主义目的与交换阶段,"好孩子"定向阶段,社会制度和良心维持阶段;社会契约和个人权利定向阶段,普遍伦理原则阶段六个阶段。科尔伯格认为,前习俗阶段和习俗阶段的共同特征是都处于道德的形成和发展的较低级阶段,在很大程度上是根据自我利益和物质上的考虑来作出选择,因此这两个阶段的道德发展必须有外部强制手段予以帮助和支持。而教育惩罚作为德育的一个辅助手段,有助于促使个体道德从他律向自律的转化,这便是它存在的重要意义之一。

---

① 孙一萍. 心理学视域中的惩罚教育 [J]. 西北成人教育学报, 2009 (2): 37—39.

◆ **同行支招**

我觉得教育应该是一种高层次的追求，不应该是简单的惩罚，实际上孩子也好，教师也好，我们对真善美的追求都是有共识的。这样想，才能真正走入学生的内心。不能因为一次打架，通过你的教训就再也不打了，但是通过这件事，能够帮助学生真正认识到自己错了，而不是迫于教师的威严而在你面前不得不认错。①

（二）教育惩罚的原则

教育惩罚是一柄双刃剑，运用得当时能够起到促进学生成长可以改变一个人的一生，终身受益；而一旦运用不当，便会对学生的身心造成极大的伤害误人一生。因此，教育者必须掌握运用教育惩罚的基本原则，趋利避害。

1. 合法性原则

教育惩罚的实施必须以法律法规为依据，教育法中明确规定"不能体罚或变相体罚学生"。因此教育者惩罚学生时，应注意自己的行为须在法律允许范围之内，在不伤害学生身心健康的前提下进行，而不能随意滥施惩罚。教师的惩罚手段一旦超越了这一原则，将造成无法挽救的后果。

据《南方都市报》报道：2001年12月13日贵州湄潭县抄乐小学五（2）班学生冯航上课时向后张望，受到班主任罗远寿厉声呵斥，当即吓得发抖。按照罗远寿宣布的规定，上课时转头看后面的同学就要令后面的同学吐十口唾沫给他吞下。后排的同学被强令向冯航吐口水，吐到第三口时，冯航受不了还了一口唾沫。罗远寿见状火起，令后排的同学到厕所撬屎给冯航吃，如果不去执行他的命令，就会有被停学的可能。这名同学只好流着泪撬来粪便喂给冯航，而后委屈地放声大哭，班上的其他同学也都哭了。罗远寿居然还威胁冯航说："不准吐出来，一定要吞下去！"被公开侮辱身心受到严重伤害的冯航自觉无脸见人，精神萎靡，目光呆滞，并从此辍学。

可以肯定，该教师的行为已经严重地违反了我国《义务教育法》第十六条"禁止体罚学生"及《未成年人保护法》第四十八条"学校不得对儿童实施体罚或变相体罚"的规定。该教师的行为对学生造成了极大的心理伤害，以至一个活泼开朗的孩子出现了心理问题，无法继续上学，成为终身遗憾。

2. 慎用性原则

班杜拉认为，观察学习是人类学习的一种重要方式，教师或家长惩罚学生

---

① 资料由东北师范大学附属小学王艳斌老师提供，李晶整理。

很容易给孩子提供一种攻击性行为的习得模式。因此惩罚也是隐含巨大负面影响因素的教育方式。近半个世纪以来的许多研究证明，当成年人使用包括"高度控制"、"强力推行"或只是简单惩罚等各种惩戒性措施时，孩子们会变得更具有破坏性和侵略性，并更加充满敌意。因此，教师在实施惩罚的过程中一定要始终采取十分谨慎的态度，当学生出现不良言行时，首先采取其他较为温和的方法对其进行规劝、引导和教育，当其他方法无效时，再选择教育惩罚并把惩罚控制在恰当合理的范围和量度中。

◈ 小贴士

批评学生的过错，一定要事实确凿、批评的恰当中肯，孩子才能消除抵触情绪，才能体谅教师的良苦用心，从而认识错误，产生自责、内疚的心理，为改正错误打下思想基础。批评的言辞、态度一定要适度，要符合孩子的承受能力，如果违背原则，只凭主观愿望进行批评，很可能因超过孩子的承受能力而无法达到预期的目的。

——著名特级教师 詹明道

3. 德育性原则

教育惩罚的目的是教育学生而不是惩罚学生。教育者一定要清楚地认识到教育惩罚针对的是受教育者道德范畴的错误，而不是针对受教育者本身。惩罚的目的是通过运用各种惩罚手段，促使学生对自己的不良思想和行为进行反思，认识到自己的错误，并改正自己的错误，不能是对肉体的摧残也不能是对人格的侮辱。

1999年11月12日《扬子晚报》报道：天津市第十九中学一名教师因班上十几名学生考试不及格，便让这些学生站在讲台前，当众自己打自己的耳光。而且打耳光的次数以自己考试成绩的得分为基数，一直打到53下，如有的学生考试成绩26分，便让这个学生从26开始，一直打到53，并要求学生必须打出声音来才行。

作为教育者，应该认识到惩罚是德育的重要手段，是与学生违规言行相联系的。教育惩罚与学习成绩之间并没有逻辑的必然联系，学习成绩应是学习的结果而不是惩罚的前提。该案例中，教师并非为教育学生而实施惩罚，只是为了惩罚而惩罚，同时违背了教育惩罚的合法性原则和教育性原则。

4. 差异性原则

在教育惩罚的实施过程中，教育者不能简单地依据法律和规则的规定程式化的使用教育惩罚手段，教育不能一刀切，而是要因人而异。① 首先，惩罚的实施必须以学生的气质类型、年龄、性别特点为依据。气质类型、年龄、性别的差异使每一名学生都成为具有独特性的人，因此教育者要因人施罚。例如：性格内向的学生可以采取间接迂回为本的方式，进行隐性批评；外向的学生可以采取选择性惩戒，如罚跑步、罚站、罚值日……其次，惩罚的方式和手段要多样化，不能一成不变、千篇一律，这样才具有可接受性。

◆ 资料库

关于气质类型②

公元前五世纪，古希腊著名医生希波克拉底认为人体有四种体液，认为个体的状态取决于四种体液的数量。虽然古代学者用以解释气质类型的学说缺乏科学依据，但他们通过日常观察概括出来的四种气质类型及其特征都有一定的典型性，因而他们所使用的四种气质类型名称也流传到现在并为许多学者所采用。四种气质类型的特征可以作如下描述：

胆汁质的人经历充沛，情绪发生快而强，言语动作急速而难于自制，热情，直爽而胆大，易怒，急躁等。

多血质的人活泼好动，敏感，情绪发生快而多变，注意和兴趣容易转移，思维言语动作敏捷，善于交际，亲切，有生气，但也往往表现出轻率，不真挚等。

黏液质的人安静，沉稳，情绪发生慢而弱，言语动作比较迟缓，显得庄重，坚韧，但也往往表现出执拗，淡漠。

抑郁质的人柔弱易倦，情绪发生慢而体验深沉，言行迟缓无力，胆小，扭捏，善于觉察到别人不易觉察到的细小事物，容易变得孤僻。

5. 及时性原则

心理学的研究表明，从错误行为开始到实施惩罚，间隔时间越长，效果越差。因此，惩罚的决定一旦作出，就要及时实施，这样做有利于将惩罚清晰地指向过错行为，而不是某一个人。孙晓云认为："孩子犯错的时候，恰恰是教育的良机，因为内疚和不安会使他急于求助，而此时明白的道理可能使他刻骨铭心。"在教育实践中，一些教师和家长会将孩子的过错积攒到一定数量后统一惩罚，这不仅错过了教育孩子的最佳时机，不利于及时矫正孩子的过错行为，也降低了惩罚清晰分辨行为对错、引导正确行为的教育功能。另外，集中

---

① 埃尔菲·艾恩. 奖励的惩罚 [M]. 上海：上海三联书店，2006：148.
② 张志光. 心理学 [M]. 北京：人民教育出版社，2002：470.

惩罚易使部分受惩罚的孩子把惩罚误读为"反正老师已对我有看法了,做得再好也没有用",从而产生"放弃"和对立情绪。①

◆ 小贴士

"我们不可能谨慎到不让任何恶事得到一个进口,所以严格的纪律是必须用来制止邪恶的倾向的。因为我们的敌人,不仅我们睡着的时候在轮值,我们清醒的时候他也在轮值,当我们把优良的种子撒到学生的心灵时,他也在努力把他的莠草种在那里,有时候腐败的天性又可以自行生出莠草,所以这种邪恶的性情必须用力量去制止才行。因此我们应当用纪律去抗拒它们,就是说,有需要的时候就应当利用责备或惩罚、斥责或鞭挞。这种惩罚永远应该当场执行,使邪恶刚一出现就可以受到遏抑,或尽可能地连根拔除。"②

6. 公正性原则

使教育惩罚达到预期效果的重要前提是教师必须公平、公正,就事论事。教育者必须对犯错误学生一视同仁,无论成绩好坏,无论是否为班级干部,在教育惩罚面前必须做到人人平等,不能掺杂个人感情,更不得有偏袒行为,这样的惩罚才会使学生心服口服,保持教育惩罚的威严和教师的威信。

◆ 案例

为什么对我的惩罚跟他不一样?

一天中午,某教师去班级巡视,发现小明和小强的桌位下面有一些瓜子壳,马上命班长去操场叫回正在玩耍的两人。当两名学生都紧张地站在该教师面前,低头认错时,该教师不问缘由,马上决定惩罚小强负责班级卫生一周;而对小明只是较为严厉地告知他要保持地面卫生。小强委屈地流泪,该教师根本不予理会,几步走出教室。为什么该教师对犯同样错误的学生态度截然不同呢?原来小强平时学习成绩较差,属于班级里的后进生;而小明是班里的学习尖子还是一名班级干部……③

教师在面对学生过错行为时,常以学生成绩的好坏作为"尺子",来区分是否实施惩罚。对所谓的"好学生"一味包容,即使学生犯了该罚的错误,也大事化小,小事化了;对成绩差的学生,用近乎挑剔的眼光去看待和评价他们,有的甚至被教师视为"眼中钉",或"肉中刺",这种做法严重违背了公正

---

① 谢道权. 另眼看赏识教育 [J]. 基础教育参考, 2006, 17 (6): 44.
② 夸美纽斯. 大教学论 [M]. 傅仁敢译. 北京: 教育科学出版社, 1999: 169.
③ 案例来源: 本章作者教育实习反思日记.

性原则，损坏了教育惩罚的威严性。

7. 保持关爱原则

心理学研究显示，惩罚会给人带来羞愧、痛苦、不安、焦虑、畏惧和悔恨等消极的情感体验，这时人的心理承受能力较低，比平时更期望得到别人的关爱。如果在这个时候教育者能以恰如其分的方式给予受罚者关爱，常常会收到意想不到的教育效果，它会比平时更快和更强烈地增加受罚者对教育者的信任感和对惩罚的心理认同，从而增加他们改正错误的机会。① 教育惩罚需要凭借爱，一名缺乏爱心的教师，很难对学生施以合理的惩罚，学生也不会发自内心地接受惩罚。

教育家陶行知先生在担任小学校长时，看到一名学生用泥块砸另外的同学，就制止了他，并要他放学后到办公室去。放学后，陶先生来到办公室时，那名学生早已等在那里。先生没有批评他，反而掏出一颗糖给他，说："你按时到，我迟到了，奖给你。"学生惊疑不定地接过糖。接着，先生又掏出一颗糖，说："我制止你用泥块打人，你立即住手，我应该奖励你。"学生疑惑万分地接过糖。先生又掏出第三颗糖，说："根据我的了解，你用泥块砸那些男生，是因为他们欺负女生，这说明你有正义感，这颗糖也是奖给你的。"这时，学生激动得流下眼泪，说："校长，我错了，我砸的不是坏人，是自己的同学……"陶先生笑了，又掏出第四颗糖："这颗糖奖给你，是因为你认识了自己的错误。好啦，我的糖给完了，我们的谈话也完了。"②

这种惩罚教育，是在浓浓的情感中实施的，是对孩子心灵深处的触动。学生不但没有任何抵触情绪，还受到了很大的感动。但就是在这种温情的惩罚中，学生真正认识到了自己的错误，并心悦诚服地改正了自己的错误。

8. 尊重性原则

苏霍姆林斯基说过："对自尊心，年轻的朋友，请记住，这是一个非常脆弱的东西，对待它要极为小心，要小心得像对待一朵玫瑰花上的颤动欲坠的露珠，因为在摘掉这朵花时，不可抖掉那闪耀着小太阳的透明露珠。"因此，惩罚时一定要遵循尊重的原则，保护学生的自尊心不受伤害。只有在尊重学生的前提下，惩罚才有可能使学生产生对过失行为的认识和理解，这也是重塑他们敬畏规范、道德养成的关键。

---

① 傅维利. 论教育中的惩罚. 教育研究 [J]. 2007，(10).
② 资料来源：http://www.bchedu.net/jyky/shownews.asp?id=117.

三、不良教育惩罚案例与分析

不良教育惩罚是指教师对学生施加惩罚的时候,没有考虑到"教育性"的目标,忽视、漠视学生身心的承受能力,或者施加的惩罚远远超过学生所犯的错误,不仅不能达到教育的效果,甚至会对学生的身心造成负面影响。

(一) 体 罚

尽管国家相关法律法规严令禁止体罚或变相体罚学生,但很多教师仍存在侵犯学生合法权益,体罚学生的行为。据调查,我国目前学校教育中存在打耳光、扯耳朵、捏鼻子、揪脸、用鼻子碰墙、打嘴巴、关禁闭、教鞭抽、罚站、罚跪、罚跑、罚爬、罚晒、罚冻等体罚现象。即使是一种体罚形式,也有多种罚法,如罚站,有面壁站、四角站、定时站、站太阳、站风雨、更有甚者罚学生裸体站等。①

1999年10月《长江日报》报道:12岁的王某是陕西省华阴市黄河工程机械厂子弟学校六(1)班的学生,生性调皮。1999年10月7日,因他偷拿了同学10元钱,班主任崔敏叶当着另外两名同学的面,将他的头按在墙上,残忍地用锥子在他左面的脸颊上刺了个"贼"字,并涂上红墨水,企图留下永远的印记。

学生偷窃属道德上的犯错,作为教师有责任进行教育,必要时也有权利进行惩罚。但是,本案例中班主任崔敏叶采取的极端行为远远超过了学生所犯的错误,不仅伤害了学生的身体,还企图通过痕迹使学生受辱一生,此行径令人发指!这不是一般意义的教育惩罚,而是这位教师素质低下、职业道德缺失、心理扭曲,她必须为自己的所作所为负责!

2006年3月24日上午上第四节课时因有学生说话,教语文的老师很生气,把课本一摔,叫全班同学到走廊排队,并要求所有学生双手反抱在脑后,呈半蹲状。在隔壁上课的班主任看到这一情形后马上走了过来,并用一把长20厘米的铁尺逐个罚打学生的手板心,"每人10下"。在打完班干部后,又让个别班干部持铁尺罚打剩下的学生。全班34名同学无一幸免,有的学生的手掌因被铁尺罚打,还一度红肿起来。②

---

① 杜绽蕾.论我国中小学惩罚实践[D].开封:河南大学,2008.
② 资料来源:http://gzdaily.dayoo.eozn/gb/eontent/200603/28/coltent2455086.htm.

课堂有学生说话是教师常遇到的情况，造成学生说话的原因很多，解决问题的方法更多！该教师在没有搞清事情缘由的前提下，便不分青红皂白地对学生进行粗暴的惩罚！其实，教师的一个眼神、一个手势或一句提醒的话都可以在不影响教学进度、不伤害学生身心的情况下解决问题。即便是要惩罚，也应有针对性地对个别学生进行教育。本案例中，该教师体罚学生的行为只会造成学生身体上的伤痛和心里的怨恨与不满，根本达不到教育的目的。

（二）变相体罚

变相体罚就是"没有接触被罚人身体，但以非人道方式迫使被罚人作出某些行为，使其身体或精神上感到痛苦的惩罚方式"①。

宁波五乡镇逸夫中学初二（5）班学生因为做错了一道数学题，被班主任罚抄10000遍"1＋1＝2"，记者来到现场，看到了学生抄得密密麻麻的作业本，在每个"1＋1＝2"的前面还记有数字，标明抄了多少遍，学生称是一场噩梦。②

罚抄写作业是许多教师常用的教育惩罚方式，但是凡事要有个尺度。本案例中，教师并没有对学生身体进行直接的伤害，但强迫学生重复抄写"1＋1＝2"实属机械无意义的惩罚方式，罚抄未必奏效，甚至适得其反，因为学生在罚抄时是一种受罚的心理，是一种消极体验，在这种情况下，学生很难产生学习情绪，只想尽快完成任务，以结束痛苦。

（三）心　罚

心罚通常指教师用不适当的语言或行为方式，对学生施行的心灵惩罚，属于精神虐待范畴。心罚的具体表现有威胁、冷漠、排斥、孤立、侵犯隐私、语言暴力。比起体罚，心罚具有更大、更可怕的危害性，因为肉体上的创伤可以医治，但心灵的伤害远非药物可以治疗。

周一我犯错了，上课时和同桌打架了，座位被我们班主任老师调到了最后一排的一个角落里，就我一个人坐。这几天，在这里我感到教室的空旷、寂寞和寒冷。我和以前的小朋友不再有什么交往，因为他们很快就有了新的同桌和

---

① 申素平. 如何理解体罚与变相体罚［N］. 中国教育报，2007－1－26.
② 资料来源：http://news.163.com/06/0420/14/2F5L424H00011229.html.

朋友，可是我没有。我真不想去上学了，讨厌老师、讨厌学习……①

教师为教育个别犯错误的学生实行"隔离法"，不允许班上其他学生与该学生交谈、接触，强迫其遵守纪律。这种方法表面上并不会同体罚学生一样造成学生身体上的伤害，但教师剥夺了孩子与集体交流的权利，将孩子的心灵与集体隔离，最终必将造成学生的不满和反抗心理，甚至会造成学生丧失学习兴趣、躲避教师、远离学校，拒绝以后的一切正确的且必要的教育。

班主任发现两名学生在打架，打得不可开交。在把两个人分开后生气地说："什么不学，要学打架，都不是什么好东西，有其父就有其子，这辈子也是废人一个了。"事后很多学生都取笑该生，给他取绰号"废废"、"废人"，该生多次为"雪耻"而与同学大打出手、恶语相向……

实施心罚的教师往往成为学生效法的榜样，教师的羞辱、粗暴和冷淡让学生耳濡目染，使学生的情感受到潜移默化的影响，也会变得粗暴和冷淡。学生在自己受到创伤的同时，还会设法将自己的痛苦转嫁到别人身上或物品上，从而导致他们以大欺小、以强凌弱、破坏公物、虐待小动物等一系列攻击性问题行为。

四、合理教育惩罚案例与分析

学校教育中，惩罚的目的是使犯有严重过失的学生震惊猛醒、悔过自新。教育者在实施惩罚时，要充分展示自己的教育艺术和技巧，针对不同的时间、情境、严重程度、学生的个性特点及差异等，机智灵活地选择不同的惩罚方式，并努力将惩罚教育的副作用降到最低点。那么在实际教育过程中，如何正确实施教育惩罚呢？以下用几个案例来具体说明。

（一）教育惩罚实施前

1. 民主方式制定"惩罚条例"

很多时候，教师惩罚学生是为了保护自己的权威，但是您是否想过您的学生也是具有独特思想的完整的人，他们也有发表言论、参与教育惩罚方式制定的权利？如果你没有，那么请试试放弃您的独断……

---

① 案例来源：抚顺市某小学三年级学生。

◆ **案例**

新年快到了,学生们忙着排练节目,买节日用品,大家喜洋洋,乐陶陶。

生活委员说:"老师,这几天地上不干净了,有瓜子壳。""怎么办,大家讨论一下吧!"

吃零食有没有利?当然有,但总体而言,弊大于利。表决通过了在教室内不吃零食的决定。按班规,有了一项较重要的规定,便要确定一名同学总体负责。

谁负责提醒大家不要吃零食?不知谁冒出一句:"平时谁最爱吃,就选谁!"三(7)选的是卢建同学。卢建站起来问大家:"如果发现别人吃零食怎么办?"

"发现一次罚写1000字说明书。""对,吃瓜子的还应罚的重点儿。"

……

我说:"停止争论,现在表决。同意吃零食一次写100字说明书的举手。"只有两名同学赞成。"同意扔地上一粒瓜子壳就写1000字的举手。"班内举起了70只手,以多数压倒少数通过了这个严罚规定。

第二天,卢建同学上任了,为了获得说别人的权利,他先从自己做起,用毅力控制自己爱吃零食的习惯。他控制住了,别人也开始控制自己。

……①

教育惩罚不仅是制止违纪现象的手段,还是有助于培养学生的民主意识与法治精神的途径。教育惩罚的主体不应只是教育者,学生个人和集体也是教育惩罚的主体,因此,教育惩罚方式应该来自学生的集体意志。如果所有的惩罚都来自学生民主讨论,学生便可以尝试着自我教育与民主管理的实践,切身体验着集体与个人、民主与法制、权利与义务的对立统一关系。这样的教育惩罚,实际上是让学生在实践中受到民主精神、法制观念、平等意识、独立人格的启蒙教育,这正是面向未来的现代教育所应包含的基本要义。

2. 晓之以理,动之以情

马卡连柯曾说:"只有被惩罚者认识到为什么要惩罚他,能理解惩罚的意义时惩罚才能对被惩罚者产生积极的影响。"因此,惩罚学生的前提是教师以理服人,使学生认识到自己为所犯错误付出代价是合情合理的;同时以情动人,使学生产生后悔、内疚、渴望补救等积极的情感,惩罚被学生内心接受,从而达到教育的理想效果。

---

① 资料来源:魏书生. 班主任工作漫谈 [M]. 桂林:漓江出版社,1993:165—167.

几个小孩正在扯着一棵小树拔河，一名女教师跑过来大声呵斥到："撒手，小树被你们弄死了！"随后她又吼道："下午罚你们劳动，给小树浇水培土，听到没有？"几个孩子吓得低下了头，其中一个胆小的孩子还抽泣起来。而我们的老教育家孙敬修老师却是这样惩罚的，他也是看见几个小学生摇一棵小树，孙老沉思片刻，走过去把耳朵贴在了小树上。孩子们莫名其妙，问他干什么。孙老说："你们听，小树在哭呢，你们把它的命根快摇断了。"孩子们听了，惭愧地低下了头，孙老继续说："那么我们去拿铁锨和水桶好吗？"孩子们飞快地拿来了水桶和铁锨，孙老和他们一起给小树浇水、培土。以后，孩子们还当上了小树的"卫士"，为小树培土、浇水。①

同一件事情，不同的"惩罚"方式，很可能是两种截然不同的教育结果。教育惩罚成为教育艺术，就不会给孩子们留下心灵的创伤，心理体验就能够给孩子以"良性刺激"，形成正确的心理价值趋向，从而达到一个崭新的教育境界。

（二）教育惩罚实施中——代偿式与剥夺式

代偿式惩罚表现为强迫人们去做某些令人不快的、使人为难的或痛苦的事，即给予人们不想要的东西。剥夺式惩罚表现为对人们想要的剥夺，即拿走人们想要的东西。这两种常用的惩罚方式在具体情境中如何使用呢？

1. 代偿式惩罚

（1）培养责任心的代偿式惩罚

在德育过程中，你是否遇到过学生责任感缺失、推卸责任、逃避惩罚的情况，那么怎样可以使学生大胆地为自己的过失行为负责，发自内心地接受合理的惩罚呢？

有一名12岁的少年，在院子里踢足球，把邻居家的玻璃踢碎了。邻居说让他赔偿12.5美元。这是在1920年，12.5美元可以买125只鸡。这个孩子没办法，回家找爸爸。爸爸问玻璃是你踢碎的吗？孩子说是。爸爸说，那你就赔吧，你踢碎的你就赔，现在你没有钱，我先借给你，一年后还清。在接下来的一年里，这个孩子擦皮鞋、送报纸、打工挣钱，挣回了12.5美元还给父亲。这个孩子长大后成了美国的总统——里根。这是他在回忆录中写到的一个故事，他说正是通过这样一件事让他懂得了什么是责任并为自己的过失负责。

---

① 资料来源：http://blog.stnn.cc/yucaindy/Efp_Bl_1002574260.aspx.

对于学生损坏公物或私人财产,很多教育者会对犯错者大为训斥甚至会出现体罚学生的现象,这样的方式会引起学生对承担责任的恐惧,甚至会为逃避责难而撒谎,不能起到教育惩罚的真正作用!其实,很多时候学生所犯的错误属过失犯错,非有意为之,教育者应该给予学生解释和补救的机会,使学生通过自己的努力为自己的过失行为负责。

◆**同行支招**[①]

对于爱随地乱丢垃圾的学生,教师可以罚他自行组建队伍去学校包干区或社区做两三天的义务清洁工,同时把劳动结果作一份书面报告并得到学校或社区相关负责人的签字认可。在这一活动中,学生不会觉得有失尊严,而且由于亲身体验了清扫工作的辛苦,他首先会从思想上认识到乱丢垃圾的坏处,从而在行动中积极地改正缺点,他的组织能力也能得到一定程度的锻炼。

再如,对于订正错别字或背诵课文态度不积极的学生,教师可以"罚"他在上课前几分钟由他来当老师,为同学们讲解课文。在他为讲解做准备的过程中,教师要鼓励其积极地寻找各方的帮助,如父母、朋友、同学、老师等,由于他为此着实花过一番工夫,对文章的记忆就会尤为深刻。

(2)保护性的代偿式惩罚

保护性的教育惩罚是指在学生身体不受到伤害、自尊心、好奇心、求知欲受到保护的前提下进行的惩罚。教育惩罚的目的更多地指向于未来,这就使其具有发展性的特征,将影响学生今后的人生观、生活态度、学习态度等。因此,学生身体不受到伤害、自尊心、好奇心、求知欲受到保护的惩罚才能使学生健康成长,受用终身。

科学家小时候也受罚[②]

麦克劳德从小充满好奇心,凡事总好寻根究底,不找到答案不肯罢休。有一天他突发奇想,想看看狗的内脏到底是什么样的,于是便和几个小伙伴偷偷地套住一只狗,将其宰杀后,把内脏一个一个割离,仔细观察。没想到这只狗不是别人家的,而是校长家的,而且是校长十分宠爱的狗。对这事,校长甚为恼火,感到太不像话,如不严加惩罚以后还不知会干些什么出格的事。但是,到底如何进行处罚,经过反复考虑,权衡利弊得失,校长采取了一个十分巧妙的处罚办法:罚麦克劳德画一幅人体骨骼图和一幅血液循环图。麦克劳德很聪明,他知道自己错了,应该接受处罚,并决心改正错误。于是他认认真真、仔

---

① http://blog.sina.com.cn/s/blog_5375d4df0100b0ns.html.
② http://tieba.baidu.com/f?kz=622071889.

仔细细地画好两幅图，校长和教师看后很满意，认为图画得好，对错误的认识态度很诚恳，杀狗之事便这样了结了。这样的处理方法，即使麦克劳德认识到自己的错误，又保护了他的好奇心，还给了他一次学习生理知识的机会，使他对狗的解剖派上了用场。正是这个包含理解、宽容和善待心怀的"惩罚"使小麦克劳德爱上了生物学，并最终因发现胰岛素在治疗糖尿病中的作用而走上了诺贝尔奖的领奖台。

校长对小麦克劳德杀狗事件的处理独具匠心。首先，惩罚保护了孩子的好奇心，并为个体改正错误创造了机会与条件。其次，孩子从内心真正认识到了自己所犯的错误，感受到校长的宽容与尊重，心理的羞愧引发了孩子更强的学习动力。

六（2）班的露露，是个爱说爱笑十分活泼的孩子。一天正上体育与健康课，露露和同学就同学们体质下降滔滔不绝地说起话来……下课后，张老师态度温和但语气非常坚定地说："我要罚你写一篇深圳学生体质为什么下降的文章。"后来，这篇经过六次反复改写的文章，被张老师推荐参加全市征文比赛，并获得一等奖。露露在这次惩罚后不仅迅速改正了错误，还迷恋上了写作，为她今后的发展打下了良好的基础。①

惩罚贵在对学生有着满腔理智的爱，并始终把惩罚作为学生成才与进步的契机。教师因材施教，并把惩罚建立在理解、信任和爱护的基础上，鼓舞学生一步步走向成功。

◆ **同行支招**

一次自习课上，全班学生都在认认真真地做课堂练习。小林很快做好了，而且拿到了满分，这时他就骄傲起来了，在下面左顾右盼、嘻嘻哈哈，影响到其他学生学习。于是，我就想法子惩罚他——罚他做临时小教师，负责检查一部分学生的作业本，保证每一本都要正确无误地上交给我；如遇到不会的难题，他还要负责教会他们。结果，他任务完成得特别好，不但没有闲暇犯小错误，还减轻了我的负担。

还有一次体育活动课，我组织学生进行跑步比赛，学生都很高兴，特别是小强，因为这是他的强项，是他大显身手的好机会。可是他在跑步的时候不守纪律还捣乱，影响了整个比赛的秩序。我取消小强的赛跑资格并惩罚他当我的副裁判。结果，当了"官"的他还真干得很卖力，一边吹哨一边整队，把比赛

---

① 资料来源：http://blog.sina.com.cn/s/blog_5375d4df0100b0ns.html。

组织得井井有条，成了我的得力助手。①

（3）赏识性惩罚

学生罗刚抄作业，屡禁不止，教师多次教育都没有改正。我思考以后采取"反弹琵琶，代偿惩罚"的办法。我肯定了他的三个优点：一是有上进心，想得个好成绩，这点很可贵；二是有辨别力，看出这是一篇佳作；三是抄写认真，字迹工整。但是为什么认为这篇文章好，好在哪里，不妨把感受最深的地方写出来，这就是一篇读后感。结果不言而喻，罗刚不仅愉快地接受了任务，而且真得写出了一份见地深刻的读后感。②

当学生犯错时，在一种宽松的环境中实施惩罚教育，首先要肯定他是一个好孩子，再指出他的错误，使惩罚升华到一个更高的崭新境界需要通过一定的教育艺术和智慧来实现。

以上几个案例都属于代偿式惩罚。不难发现，合理代偿式惩罚可以化腐朽为神奇，激励学生向上。但教育者应注意，代偿媒介的选择须基于使学生明辨是非，认识错误，激励上进，自我完善的基础上。此外，代偿媒介的选择也直接影响惩罚的效果的意义。

◆ 小贴士

著名教育专家魏书生在教书育人的实践中做了很多代偿式惩罚的尝试，例如：

① 唱一支歌，在愉快的氛围中，并没有削弱惩罚教育的效果。

② 惩罚犯错误的学生为班集体做一件好事，在做好事的过程中，得到的是教师及同学的肯定与尊重，增强学生的归属感与自豪感，这更能激起学生向善、向美、向上的追求。

③ 写说明书。让学生描述心理活动的三张照片，每张照片上都有两种思想在争论。第一张照片，犯错误前，两种思想怎么争论；第二张照片，边犯错误，两种思想怎么交战；第三种照片，犯错误之后，两种思想作何感想。学生在写说明书时，不但练习了写作能力，还能在找原因的过程中达到自省，这更能触及学生的内心，可以说两全其美。③

2. 剥夺式惩罚

剥夺式惩罚最大的特点就是暂时剥夺学生最渴望、最想要的物品或者权

---

① 资料由大连市高城山小学赵帅老师提供。
② 资料由乐至县吴仲良中学张莉提供。
③ 魏书生. 班主任工作漫谈 [M]. 桂林：漓江出版社，1993：183.

利。这种惩罚的威力来自学生对得不到学习任务或失去表现机会的恐惧,因此,要避免惩罚,学生就必须抑制那些可能导致惩罚的、不合教育要求的行为。

前不久学校组织了广播体操的比赛,要求大家必须穿着统一的服装。我也是比赛的一分子,结果比赛那天,因为我的粗心大意忘了穿规定的服装,也没能向同学们借到合适的服装,当时老师很生气,批评了我,并取消了我参加体操比赛的资格。我当时为自己失去一次表现的机会而懊悔,也感到很愧疚,因为我的疏忽,也造成全班同学的遗憾,让大家近一个月的努力化为泡影。经过这次惩罚之后,我深深地记住了这次教训,明白了个人的过失很可能给他人造成不好的后果。我暗暗下定决心,以后再也不犯这样的错误了。①

学生的某些不适当或错误行为所招致的是各种学习机会如作业、被提问等的剥夺,以及与这些机会相伴随的可能得到的赞许、表扬、赢得同学尊重等机会的丧失,这种惩罚很可能激发起学生付出努力来逃避这种惩罚且不再犯类似错误的动机。

◆ 同行支招

适度的"惩罚"是必要的,但我从来不体罚学生,从来没有罚站学生、打学生的情况,那样太伤学生的自尊了。我的办法是剥夺他(她)最想做的那件事的权力,当然是适度剥夺。例如,有的孩子最在意吃,如果他上课表现不好,我就会摸着他的肩膀并板起面孔说,"你要是表现不好,中午就不能和其他小朋友一起吃饭了啊,老师要跟你谈一谈,今天的午餐有很多好吃的,去晚了可就没有了啊";对于那些爱玩儿的学生,我就说"如果你再继续这样,中午活动的时候老师就陪你在教室里呆着,不能和其他同学一起出去玩了。"但是这样警告几次就不管用了,所以对于问题"比较严重"的,我也会真的将其留在教室,但是时间不能太长,只是5—10分钟。②

(三)教育惩罚实施后——安抚与关注

罚后安抚策略"是一种促进师生理解、消除师生误解、主张师生相互尊重、相互宽容、相互体谅的惩罚性教育策略"③。安抚与惩罚相随,可以增强

---

① 资料来源:中学教师惩罚教育的研究[D]. 贵阳:贵州师范大学,2007.
② 资料由东北师范大学附属小学王琳老师提供。
③ 李三福,丁志鹏,张诚. "理解教育"的罚后安抚策略及其运用[J]. 教育理论与实践,2007(6).

师生之间的相互理解，消除彼此的误解，让学生体会到教师的批评和惩罚中充满着关爱、真情与希望，以免学生产生不良情绪或心理隔阂。

教师在对学生惩罚后进行适当的安抚时，要注意以下几个原则：

1. 时效性原则

罚后安抚的效果与时间有密切关系。不能过早，应该给予受罚学生充分的反思时间，否则容易让学生感到教师惩罚错了；不能太晚，以免学生不良情绪扩大。所以，教师还要密切观察受惩罚者的一举一动，及时了解其思想动态，寻找适当机会进行安抚。

2. 真诚性原则

在此基础上倍加关心和爱护犯错误的学生，主动跟他们交往、沟通、交心，不要让学生有失落感，并教育集体中的其他人去亲近他，不使其产生孤独感。同时，教师还要密切注意被惩罚学生的一举一动、一言一行，了解他们的思想动态，及时捕捉和发现犯错误学生身上的闪光点和点滴进步，并采用表扬鼓励的方式，激发其上进的信心，塑造其健全的心灵，以使惩罚达到良好的教育效果。

3. 策略性原则

首先，教育者应针对受罚者不同的性别、性格、年龄、心理承受力采取不同的安抚手段，如先表扬再安抚或边安抚边表扬。安抚学生一般不能太过张扬，但对特别重要的安抚可在集体中进行。其次，灵活运用多种教育策略，如让学生感受到成功策略、给学生暗示策略、委以重任策略等进行安抚，使学生理解所受的惩罚，真正从心里接受并使自己的错误行为得到改善。①

教育惩罚是完整教育不可缺少的部分。教师有权利和义务利用不同的教育惩罚方式规范学生的行为，以促进学生全面发展为出发点和落脚点，反映时代和社会进步的要求，体现对学生的尊重和信任，引导学生自觉遵纪守法。相信只要运用得当，教育惩罚会同赏识教育相辅相成，让学生接受完整的教育。

【思考与活动】

1. 你认为教育惩罚有哪些意义？
2. 你认为教育惩罚应遵循哪些原则？
3. 某学生上课迟到，任课教师不准其进入教室听课，罚该生打扫班级分担区。你认为该教师的做法可取吗，如果你是任课教师将怎样处理这件事？

---

① 杜绽蕾.论我国中小学惩罚实践[D].开封：河南大学，2008.

后　记

　　课堂是由教师、学生和环境构成的一个微型社会系统，在这个复杂的微型系统中，不可避免地存在一些矛盾，甚至是冲突。因此，解决课堂中存在的矛盾和冲突，做好课堂管理工作，是保证有序、高效的教学活动顺利进行的前提。著名教育家赫尔巴特就曾指出课堂管理的重要性："如果不坚强而温和地抓住管理的缰绳，任何功课的教学都是不可能的。"

　　教师作为课堂教学的主导，是课堂的主要管理者，可以说，教师对课堂的管理在某种程度上决定着课堂教学的成败，因此，教师如何做好课堂管理工作便成了一个值得探讨的问题。

　　本书力图呈现一个完整的课堂场景，试图为广大一线教师提供具体有效的课堂管理方法，为教师实施有效的课堂管理提供有力的借鉴与帮助。为使本书内容具有较强的实践性和指导性，编者精心选编了大量案例、策略和相关资料，对一些优秀的一线教师进行了访谈，总结他们的成功经验，以期教材的内容具有较强的针对性和操作性。

　　本书由东北师范大学教育科学学院吕立杰教授主编，并负责全书的设计和统稿。全书分为七章：第一章由李晶编写，第二章由吴林、邓志凤编写，第三章由童玲编写，第四章由刘岩、徐赞编写，第五章由闫宏迪编写，第六章由李利鑫编写，第七章由陈琳编写。

　　由于课堂管理是理论性和实践性较强的命题，加之编者水平有限，本书难免存在一些不足和不当之处，敬请读者和专家批评指正。愿本书能够为广大一线教师解除课堂管理的困惑，成为一线教师的朋友！

编　者

2011 年 5 月